亲子高效沟通

把话说到孩子心里

CEO育儿经◎著

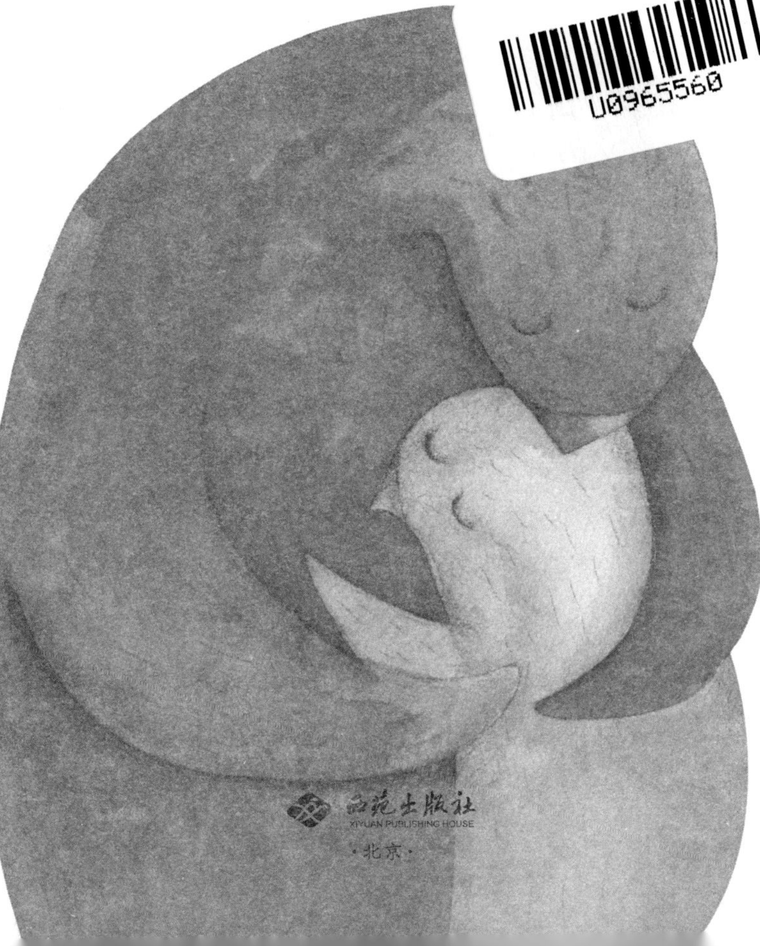

西苑出版社
XIYUAN PUBLISHING HOUSE
·北京·

图书在版编目（CIP）数据

亲子高效沟通：把话说到孩子心里 / CEO 育儿经著 .
-- 北京：西苑出版社，2021.5
ISBN 978-7-5151-0796-7

Ⅰ . ①亲… Ⅱ . ① C… Ⅲ . ①家庭教育 Ⅳ . ① G78

中国版本图书馆 CIP 数据核字 (2021) 第 065456 号

亲子高效沟通：把话说到孩子心里

QINZI GAOXIAO GOUTONG: BA HUA SHUODAO HAIZI XINLI

责任编辑　辛小雪
封面设计　异一设计
出版发行　西苑出版社 XIYUAN PUBLISHING HOUSE
地　　址　北京市朝阳区和平街 11 区 37 号楼 邮政编码：100013
电　　话　010-88636419
印　　刷　三河市嘉科万达彩色印刷有限公司
开　　本　880mm×1230mm　1/32
字　　数　150 千字
印　　张　7.5
版　　次　2021 年 5 月第 1 版
印　　次　2021 年 5 月第 1 次印刷
书　　号　ISBN 978-7-5151-0796-7
定　　价　49.80 元

前言 PREFACE

刘女士这段时间舒心了不少，因为自己十一岁的儿子开始主动与自己交流了。以前都是刘女士跟在儿子的屁股后面，追着问他中午想吃什么、学习顺不顺利、考试考多少分等。有段时间，儿子开始厌学，并且讨厌去学校，每次都是被强行拖进车子里送去学校的。当刘女士意识到儿子问题的严重性时，她做了一些调查,并开始和老师一起帮助儿子克服他的厌学问题。

此外，刘女士开始回应儿子“讨厌”去学校的感受，并且不再向儿子说一些她根本做不到的保证，也不会再去忽视儿子的焦虑感。以前，她总是会说“好孩子，你放学时我肯定会在校门口等着你的”或者“等到了学校，一切都会好起来的”“见到你的朋友之后，他们会很高兴的”。结果，这些话除了会让儿子更抵触上学，别无他用。

后来，刘女士改变了说话方式。她与儿子的对话变成了：

“亮亮，我们该换衣服去学校了。马上就上车。”

“不，我讨厌学校。”

“我知道，学校并不是你喜欢的地方。你喜欢在家里玩你的电脑游戏……嗯，好了，我们穿上外套吧。”

“我不喜欢去。”亮亮走到门口，依旧央求着妈妈，但还是穿上了外套。

就这样，刘女士每次都会对亮亮的感受做出回应，并且不再使用之前的说教口吻，她接纳了亮亮的反抗情绪。奇妙的是，亮亮慢慢地变得听话了。

事实上，家长与孩子之间的沟通本来是一个比较私人的话题，想要凭一本书就改变不良的亲子关系，或许有点不可思议，但我相信，只要大家一起分享这些教育的技巧，家长就能够从中领悟到这些技巧背后的内涵与实质，并在实践中加以灵活应用。

本书共八章，每一章都有一个教育主题，力求帮助家长解开教育的迷局，与孩子进行更好的沟通。

目录 CONTENTS

第一章

有效沟通——构建和谐亲子关系

和谐亲子关系建立的前提是有效的沟通。而有效沟通的重要前提又是什么呢？会倾听、懂得尊重孩子并且足够信任孩子的家长，一般而言，与孩子的关系都不会太差。那么，什么是有效沟通？家长该如何与孩子进行交流？为什么说会倾听的家长，孩子就愿意与他们交流？亲子间的信任到底意味着什么？家长为什么要尊重自己的孩子？

第一节　有效沟通的前提

拥有一份良好的亲子关系不仅是家长的愿望，也是孩子的期望。良好的亲子关系是和谐家庭氛围的重要组成因素，更是家长与子女共同的追求。然而，在现实生活中，双方却经常会感到无奈和痛苦。孩子难以接受家长权威的、主观的、保守的，甚至还有点固执的教育方式，而家长也不能接受孩子的我行我素、不听话、好高骛远、经不起挫折，甚至和自己对着干的一些言行。于是，在一个家庭里总是会出现家长与子女矛盾激化的现象，甚至很多家长感叹，如今的孩子就像是脱了缰的野马，难以驯服。

但是，孩子并不是什么野马，更不需要驯服，家长也完全没有必要去学习如何“驯兽”，因为孩子虽小，可他们也是社会的一员，是独立的个体。在如今信息渠道多样化的时代，家长应该做的是找到与孩子难以顺利沟通的原因，学习如何去和孩子沟通，并且积极提升亲子沟通技巧，以便建立有效的亲子沟通方式。

研究发现，在一个亲子关系和谐的家庭中，家长与孩子之间沟通顺畅，孩子通常不需要过多的督促就会主动好好学习；但在一个亲子关系紧张的家庭中，无论家长如何苦口婆心，孩子一般都会出现学习问题。不是这些孩子笨，而是他们有心结。

亲子关系紧张，亲子沟通出现障碍，使孩子出现了逆反心理，进而影响到学习。

家长和孩子难以顺畅沟通的原因总结起来有以下几点。

（1）相处时间太少。生活和工作的压力常常使人精疲力竭，而为人父母者则会更加觉得肩上的压力大。许多家长认为，给予孩子更好的物质条件比什么都重要。然而，当他们带着这样的想法在外面打拼时，孩子却被遗留在孤独的角落里。家长与孩子的相处时间太少，是导致沟通问题的重要原因之一。

（2）亲子沟通的内容永远都在围绕着“我”。一场以“我”为中心的谈话，偏离了解决问题的目标，变成家长自我情绪的发泄途径，这最容易激起孩子的反感情绪。比如，孩子期末考试没有拿到以往的好成绩，家长得知后非常不高兴，于是说：“就凭你这学期的表现，我就知道你的成绩一定会下降！”这句话其实只是家长自身不满情绪的表达，不仅没有考虑到孩子的心理感受，也不能真正解决问题。类似的话，家长说得越多，孩子就越感到厌烦。

（3）满足自身控制欲的谈话。家长与孩子进行沟通交流应该是为了关心孩子的成长所需，促进其更好地成长，而不是为了满足家长对孩子的控制欲。比如，当孩子兴高采烈地对家长说：“妈妈/爸爸，我又是班级第一名。”此时孩子无非就是想听到家长的一些鼓励和认可的话语，但有些家长偏偏会这样说：“嗯，不错，争取下次拿个年级第一回来。”这些家长既没有充分关注孩子的成绩和努力，还将自己的意愿（年级第一）强加在了孩子的身上。他们把注意力完全转移到了另外一个方向。

（4）不懂得倾听、急于表达的传统谈话模式。有些家长在孩子面前一向都是权威的代表，是长辈，他们认为孩子还小，应该凡事听从家长的安排，也不容许孩子有自己的意见。所以，这类家长通常都是急于表达而不懂得倾听的类型。但是不倾听又怎么会真正了解孩子的内心呢？因此双方沟通自然就成了问题。

另外，家长要知道，有效沟通应该是双向的，当你在不停说教时，也应该考虑到孩子。成功沟通的首要条件是和谐的氛围，在和谐的气氛中，孩子才不会启动自我保护机制，当然就更加乐意“听话”。因此，沟通的重点不是为了控制孩子，不是推动孩子，不是强调过程，也不是让孩子听你说得多么有道理，而是沟通的效果，也就是你说的话是否能够被孩子接受。

双向沟通是一方在表达完自己的观点之后，另一方给出了回应；而有效的双向沟通应该是另一方给出的回应是对方所期望的。因此，家长与子女之间有效的双向沟通，应该是家长说的话孩子愿意听，并且他们也乐意按照这样的方式去做。即使孩子不是完全接受，但也非常乐意与家长进行进一步沟通，或者孩子会说出自己的想法，喜欢与家长一起讨论，这些都是非常成功的有效沟通。

但是，在气氛和谐的基础上，家长还应该考虑到以下几点。

（1）及时改变沟通方式。在你与孩子沟通时，要注意观察和体会孩子的情绪变化和思想变化，并及时更换沟通的方式。比如，同样一句话，孩子在不同的心境下听到，内心的感受就会完全不同。

（2）沟通不能控制，也不能推动。当家长基于爱的动机，代替孩子做决定或要求孩子去做一些违背他们意愿的事情时，家长会理所当然地认为孩子必须要接受。一旦孩子表示拒绝，家长就会埋怨，甚至生气，觉得孩子辜负了自己的一片苦心。

但事实上，每个人的心中都有一套最适合自己的定位，孩子也不例外。当孩子认为家长的某些决定不符合自己的定位时，孩子便难以接受；况且家长的某些决定也只是站在家长的位置上，而非站在孩子的立场上做出的。因此，家长如果希望获得有效的双向沟通，那么强迫的做法是没有用的；有效的做法是家长要站在孩子的立场上去思考和做决定，引导孩子自己去思考和发现，只有这样才有可能让孩子接受你的观点。

（3）不要强调对或错，而要看重沟通的效果。不好的沟通方式是，你一直在强调自己是如何正确，还指责对方如何不知好歹，这种沟通只会浪费时间。家长在与孩子沟通时，要注意观察孩子的反应，并适时变换说话的方式和语气，直到孩子给出你期望的回应。

（4）不要猜测，如果不确定，主动找孩子沟通。没有人能够真正懂得另外一个人心里在想什么，作为家长，你也同样不会知道自己的孩子在想些什么。当你无法确定时，不要做无谓的猜测，应该主动地找孩子聊天，这不仅可以加深你们的感情，还会让你更了解自己的孩子。当你真正了解他们时，相信你的每一个关于他们的决定都不会让孩子失望。

（5）坦诚的关心。在大多数家庭中，家长对孩子的关爱是千真万确的，但很多家长却在与孩子沟通的过程中将这种对孩子的关爱忽略了。他们会一味地带着目的与孩子沟通，不管怎样都要求孩子一定要听自己的。这无疑会激起孩子的逆反心理，“你越是要我这样，我就偏不”，最终导致沟通失败。但当你带着一颗关怀的心去与孩子交流时，他们就会感受到你的关心。

（6）寻找同孩子一致的信念。两个陌生的人为什么会成为朋友？还不是因为大家趣味相投。双方兴趣爱好类似，价值观一致，就很容易交心。家长与子女之间也是如此，所以你不妨试着寻找与孩子之间存在的一致信念。当孩子发现你们是站在同一条战线上时，就会产生合作的意识，那么在此基础上进行的沟通，就会产生更好的效果。

第二节 倾听是沟通的重要桥梁

有一位年轻母亲带着她十岁的儿子来到了心理咨询中心，在与心理医生交谈的过程中，这位母亲一直都在数落孩子如何如何不对，哪里哪里错了，等等。旁人看在眼里，都在为小男孩感到委屈，而心理医生则在孩子的脸上看到了“习惯”二字，显然，男孩在家中就经常性地被数落。

“这孩子总是不好好学习，我和他爸爸把所有希望都寄托在他身上，可他就知道玩。这不，这次期末考试排名倒数第一，他爸爸一气之下又打了他，他倒好，现在连声‘爸爸’都不叫了……还有上回，他和同桌打架，把人家胳膊给扭伤了，害我们给对方家长赔礼又道歉，还支付了全部医疗费，你说这孩子将来可怎么办……”

心理医生一边听着这位母亲的陈述，一边观察着孩子的表情变化。后来，心理医生要求单独和孩子谈谈。他发现在这个十岁小男孩的心里，其实藏着不属于他这个年龄的心事。男孩说的最触动心理医生的一句话是：“他们根本就不给我解释的机会，没有人理解我。”

经过与孩子长达半个小时的耐心交谈，心理医生了解到，事实并非像他母亲说的那样，而是另有隐情，只不过父母都不给孩子解释的机会。所谓和同桌打架，是因为对方先动了手，但父亲却不给他解释的机会。而因考试排名倒数第一被父亲打的那天，孩子的母亲在外地出差，小男孩在那天的算术小测试中得了三分，他父亲一看是三分，与满分五分相差甚远，顿时气不打一处来，拿起皮带就朝男孩的屁股上抽，结果男孩为了躲避爸爸的追打，头磕到了桌角上，不一会儿就淤青了。

男孩感到很委屈，因为那天他感冒了，而且这次的算术测试题本来就很难，班里许多小朋友都只得了三分。可父亲不分青红皂白就拿皮带抽他，孩子屁股疼，头也疼，而父亲却埋头在一堆工作中没有管他。于是，男孩抱着存钱罐，偷偷溜出家门，去了姥姥家。姥姥见孩子额头淤青还破皮流血了，就带着他到附近的诊所处理了伤口。那次之后，小男孩就觉得只有姥姥对他最好了。父母根本就不爱他。所以，男孩只愿意和姥姥说悄悄话，在父母面前就变得越来越沉默寡言，这才使父母误以为男孩得了心理疾病。

心理医生将小男孩的陈述单独转述给了他的母亲，并建议他们今后在与孩子沟通时，多给其表达自己的机会，鼓励孩子说出内心的感受，而不是主观、强势地将过错全部推到孩子的身上。假如孩子没有机会表达自己的感受，年深日久，孩子便会产生各种消极的情绪，如不听话、过度内向或顽皮等。

家长应该明确，孩子在成人的面前不管有多么“不听话，不争气”，但如果身为他们家长的我们都不能给予其表达内心的机会，那孩子便只好单独忍受这份痛苦和孤独，或者为了逃避来自家长的责怪和打骂，而去求助于他人。而一旦求助他人失败，孩子就很容易出现各种极端行为，如离家出走、打架斗殴甚至是犯罪等。

孩子每一个看似不正常的行为背后或许都有一个再正常不过的理由。他们或许是在诉说精神上或身体上受到的创伤，也可能是在宣泄内心的负面情绪，还可能是在呼唤家长给予其更多的关注和支持。而作为家长，我们一定要正确地解读孩子行为背后的心声，给他们发言的机会。

可见，家长与子女之间的沟通非常重要，而一个顺利、有效的沟通更是决定孩子言行的关键。但前提是，家长必须改变不利于有效沟通的方式，从现在开始，去鼓励孩子表达内心的感受，多听听孩子发自内心的声音，然后再与他们进行沟通。

亲子沟通不是指家长对孩子说了多少，而是指家长究竟听了多少。倾听是所有沟通的重要桥梁，可以说没有倾听就没有理解，而没有理解，沟通也就失去了再进行下去的意义。因此，身为家长的你只有理解了你的孩子的心声，才能够架起你们之间沟通的桥梁。

事实上，家长普遍存在这样一种观念，即自己的孩子就是自己说了算，孩子必须按照他们设定好的路子走，听话的孩子才是他们心目中的好孩子。但越来越多的实践证实了该观念的错误性，因为现代孩子的需求已经不同于以往，家长要像朋友一样和他们相处、交流，他们才会对家长敞开心扉，愿意与之进一步交流，听从家长的教导。

（1）向孩子表达自己的感受。家长当然可以将自己的内心感受说给孩子听，这会拉近你们的心理距离，同时也可以教会孩子如何去关注别人的内心世界，去分享对方的欢乐，分担对方的忧愁。在此基础上，孩子也会很乐意表达自己的喜怒哀乐。

（2）坚持每天与孩子进行十到二十分钟的聊天。如家长可以在散步时、与孩子共同打扫房间时、陪孩子一起看动画片时或在睡觉之前与孩子聊天。这些时间段人都是比较轻松的，在温馨而放松的氛围里，孩子会更加愿意吐露心声。

（3）应鼓励并认可孩子表达不同情绪。当孩子表达欢快情感时，家长要充分给予肯定，而当孩子表达内心不好的情绪时，家长也应该表示理解与尊重，并且教他们如何使用正确的方式宣泄这些不好的情绪。

（4）鼓励、支持孩子对艺术的追求与爱好。各类文娱活动都可以转移甚至是转化孩子的负面情绪，家长应该支持孩子的爱好，不在言语间对其爱好进行贬低，甚至是否定。家长要知道，支持孩子的兴趣爱好，就相当于认可了他们。在此基础上家长发表自己的意见，孩子也比较能听得进去。

（5）要做好良好沟通的榜样。家长是提供给孩子模仿机会最多的老师，你们在交流中的表现，将会成为孩子模仿和学习的参照。孩子对自己家长的行为认知非常敏感，他们的领悟能力也远远超出成人的想象。家长之间如果不能好好沟通，孩子就会模仿，并不知不觉受到影响。家长之间正确的沟通方式会让孩子从小就学会爱与支持，这样的精神力量要比其他任何形式的教育都要重要；而且家长之间的爱会使孩子的心处在平和的状态，更加有利于其心智的发展。

下面是一些有助于倾听的小诀窍。

（1）当孩子与你说话时，不要再忙别的事，放下手上的工作，注视着孩子的眼睛，并保持目光接触。

（2）与孩子独处时，你要把握机会，认真倾听孩子的每一句话，这样有助于孩子向你敞开心扉。

（3）表情认真并带着放松的微笑，不要用表情给孩子施加任何压力。

（4）表情要随着孩子表述内容的不同而做出相应的变化，让孩子感受到你的重视，并且适时点头。

（5）当孩子在表达时，不要轻易地打断他们的思维，让他们把话说完，否则会影响孩子对你的信任程度。

（6）在倾听的过程中，根据内容适度提问，身为家长，你可以适当地表述自己的观点来引导孩子与你进行更为深入的谈论。

（7）避开价值判断。用不带有任何主观评价的方式去倾听，会营造出安全的谈话氛围。比如，你的孩子忽然告诉你：“我不想上学了。”你的第一反应也许是很难接受，然后紧接着会说出这样一串话来：“你怎么能这么想！”“你不能这样，这太不像话了！”“你知道这个世界上有多少小朋友想上学都上不了吗？真是身在福中不知福。”可当你表达完你的价值判断之后，你有没有想过孩子的感受？你难道就不想了解一下孩子为何会有这样的想法吗？这类带有自我价值观的评判对孩子来说就是批评，受到批评的孩子可能会因此丧失沟通的欲望。所以，你应该将以上说法改成："你是说你最近对上学没有兴趣了吗？""可以告诉我原因吗？"这样问，孩子会感觉到你的关爱。假如孩子心里真有困扰存在，那就抱着支持的态度去倾听，而当孩子得到了家长的支持时，他们也会很乐意进一步与家长沟通。

第三节　信任是建立亲密关系的基石

一、用信任建立亲密关系

吴女士在周二的中午接到丈夫的电话，丈夫说他中午有事不回去吃饭了，并建议吴女士带着孩子去孩子奶奶家吃饭。吴女士正在读小学的女儿阳阳平时放学都是直接回家吃饭，但今天是要去她奶奶家，吴女士担心女儿走错路，便拿起手机给她的班主任打了个电话，想让老师把消息转告给女儿。

但令吴女士想不到的是，电话一接通，耳边就传来班主任告状的声音，说阳阳这段时间做作业时总是拖拉，几乎没有一次是按时完成作业的。后来，吴女士说有时间就去学校和老师交流一下，但这位老师以教务繁忙为理由暂时推辞了。吴女士心里生出一丝无奈和对女儿的担忧，却忘记了自己打电话的目的。

挂了电话后，吴女士便急忙去婆婆家帮忙做饭，一路上都在想女儿最近不能按时完成作业的原因，还有如何能让班主任不要对女儿失望等。不到一会儿她就到了婆婆家，接着就是洗菜做饭，等做好饭菜，左等右等，阳阳却始终没有来。

吴女士着急了，生怕孩子走错了路，过了一会儿，她一拍脑袋，才想到刚才她只顾着听老师说话了，却忘记了要老师转告女儿的事情。于是，她再次拨通了女儿班主任的办公室电话，但始终无人接听。

吴女士赶紧回家,果然在小区楼下看到了一脸委屈的阳阳，见孩子有些烦躁和抱怨的情绪，吴女士连忙说：“我知道你很委屈，如果妈妈告诉你我是因为要照顾生病的奶奶的话，我们阳阳肯定就不会生气了，对不对？”

阳阳紧皱的眉头一下子就舒展开了，还问：“奶奶还好吗？”“她很好，不用担心。现在我们一起去奶奶家吃饭吧。”在路上，吴女士告诉女儿自己中午给她的班主任打电话，然后听说她的作业最近没有按时完成。阳阳着急了，“没事给老师打什么电话？”

“我是想让老师帮忙转告你中午去奶奶家吃饭呀，怕你走错了。”

“可我还是走错了。”

“是我的错，我只顾着听老师说话了，却忘记说这件事了。不过，老师说了，他对你抱有很大的希望，相信你一定会在这周之内将作业的问题都搞定，以后也会好好完成作业的。”

“老师真的这样说？”阳阳兴奋地说。

“是啊，我一直都相信你的。阳阳懂得关心长辈，也能够体谅妈妈，还在努力学习，真是我们的好女儿。”

这天之后，阳阳每天的作业都能按时完成了，并且果真在一周之内将所有遗漏的作业都补上了。

信任是孩子幼小的心灵中点燃的一团火焰，使他们充满活力和动力。假如吴女士和阳阳之间的对话是这样的：

“怎么不高兴啊？”（知道女儿生气的原因，却明知故问。）

“不想说！”

“现在的小孩子怎么都不懂得体谅大人。”

“……”

“我中午打电话给你的班主任了，他说你最近的作业总是完不成，怎么回事儿？难道我让你帮我做家务了吗？”

“你没事干吗给他打电话？”

“允许你不好好学习，就不允许我打电话了吗？你要是再这样下去，老师早晚会放弃你的！”

“别说话了，我耳朵都快起茧了！”

沟通是教育孩子最重要的手段之一，家长与孩子之间的谈话方式很关键，不管孩子的表现如何，家长都要信任他们，给予他们鼓励与支持，而不是一味贬低和训斥。信任你的孩子不是说要你相信他们总是对的，而是要接受孩子的独特性，接受他们的言行应该是与其年龄段相符的，他们会有不成熟的地方。也就是说，你不可能要求你的孩子像个成人一样勤恳、具有责任心。孩子或许会因为贪玩而不想写作业，会因为一时的小脾气而去践踏草坪，但这些都不能成为家长粗暴地对待孩子的理由。

而信任却可以改变这一切，同时信任也不是要由着孩子的性子来。当孩子在学习、生活上遇到困难时，你的支持和鼓励就是最好的信任。当你对孩子有了信任之后，你就不会想着去控制、惩罚他们了。信任会令你变得有耐心，比如，你会通过合作解决问题，或者会多问几声“怎么样、是什么、为什么”等来引导和帮助孩子认识到自身的错误。信任会使家长的眼光变得更长远。

二、信任孩子并做他们的朋友

人们对信任的追求其实是一种非常积极的心态，这是每一个正常人的普遍心理，也是一个奋发向上、积极进取的人最根本的心理表现。信任的心理机制对孩子良好心态的形成有着非常关键的推动作用。

小茜今年九岁了，一直被父母视为掌上明珠，长这么大，母亲从来都没有让她单独出行过，上学、放学都是母亲亲自去接送，生怕女儿出点什么事。

随着小茜慢慢长大，小茜要求独立的意识也越来越强烈，好几次她都试图挣脱母亲的手，想自己走路，但都被母亲拉了回来。有一次，小茜要去书店看书，按照惯例还是由母亲陪同，但小茜央求母亲想自己一个人去，母亲没有同意。就在距离书店不远的一个十字路口，小茜再次央求母亲，并且很郑重地说：“妈妈，我知道你关心我，但你要相信我，给我一次机会，我没问题的。”小茜坚定的眼神终于让母亲松手了，她远远地看着小茜跟随人群过了马路并走进书店。

大约两个半小时后，小茜神采飞扬地从书店里出来了，她自豪地看着马路对面来接她回家的母亲，然后静静地等着红绿灯过马路。

这次事情过后，小茜的母亲也改变了以往的教育方式，凡是孩子可以自己处理的事情，她没有再插手，甚至有的时候还将一些比较重要的事情交给小茜完成，结果发现孩子都完成得很不错。小茜也更加懂事了，因为她感受到了母亲对自己的信任。她还将学校的很多趣事说给母亲听，逗她开心，也会挽着母亲的胳膊，像朋友一样和母亲一起出门遛狗。

从上面的例子可以看出，孩子渴望家长的信任，也需要家长的信任。有调查发现，子女对家长存在着一种特殊的信任感，他们往往会把家长视为学习上的启蒙老师、德行上的榜样、生活上的参谋、感情中的挚友；而反过来，他们也同样非常渴望得到家长的信任，希望与他们像朋友一样无话不谈，并认为，自己只有得到了家长的信任，才意味着得到了重视和鼓励。

可见，家长对孩子的信任是一股足以触动孩子心灵的力量。在家庭教育中，家长的信任会让孩子感觉到与父母处于平等的地位，从而更加尊重、爱戴、亲近与服从他们，并乐于向他们吐露心声，家长也会因此获得更多了解孩子内心的机会。

曾有一位教育专家指出，教育的奥秘在于相信自己的孩子“行”。教育理论中有一个“暗含期待效应”，说的就是信任在教育中发挥的巨大作用。家长如果能够做到充分信任自己的孩子，并尝试做他们的朋友，便能够成功激发出孩子内心的动力，让孩子即使失败了，也会在家长满是信任和期待的目光中，摔倒后依然选择坚强地爬起来。

那么，家长要如何做到信任自己的孩子并做他们的朋友呢？有以下几点建议。

（1）帮助孩子树立自信心。自信是一个人有所作为的重要前提，家长要培养孩子的自信心，帮助孩子正确看待进步和批评，勇于战胜各种困难。

（2）正确对待孩子的缺点。当发现孩子犯错时，家长要在分析道理的基础上为孩子指出原因和危害，而不是不分青红皂白地大加斥责，没有什么会比一通循循善诱的说理更能够让一个犯了错的孩子正确意识到自己的错误了。做家长的要给予孩子理解和信任，理解孩子所犯的错，相信他们能够越来越好。

（3）为孩子提供展现能力的机会。正如上述案例中的小茜，如果她的母亲永远不放手，她就没有办法独立，她的母亲也就没有机会看到女儿的独立能力。因此，家长要做的不是热心包办或冷漠蔑视，而是相信孩子的能力，支持并给予他们展现自己的机会。

（4）宽容与包容，严格与严肃。对待孩子不能一味严格要求，但也不能太过放纵。所以，家长在日常生活中既要做孩子的领路人，对他们严格要求，随时给予指引；又要做孩子的朋友，平等相处，友好交谈，与孩子一起学习、一起玩耍。

家长对孩子的信任孩子是可以感知到的。这种信任要求家长不但要发自内心，还要表现在行为上，比如，考试成绩下降的孩子本身心中就很烦躁了，如果家长此时再对他们大加批判，势必会造成孩子的逆反心理，索性破罐破摔。但如果家长表现出对孩子充分的信任，多说鼓励的话，孩子就能够重新找回自信心。

如果家长与孩子之间以信任为基础建立平等的朋友关系，那家长就不仅仅是只能够在生活上抚养他们了，同时也是丰富孩子阅历、给予孩子忠告和帮助的“忘年交”。但假如身为家长的你尚未与孩子建立起朋友关系，也不用着急，现在不妨试着跟孩子坐在一起，开诚布公地进行沟通，说出自己的想法并鼓励孩子表达自己的感受，努力消除隔阂，化解代沟。

三、信任你的孩子就是相信生命

如果你的孩子特别固执，固执得令你受不了，那么有什么办法可以让你们之间建立起亲密关系呢？你肯定觉得不可能会有办法的，但其实只要你相信，就一定可以。

强强两岁的时候就显现出了他固执的本质。那时候，他非要将两个鸡蛋摞在一起，摞不好就大哭大闹，还一直不安分地想要再次尝试，任凭他的父亲如何开导都无济于事，而其他人的意见，这个小男孩更不屑接受。后来，这位父亲才知道，孩子在大哭大闹之后发现仍旧无法将两个鸡蛋摞在一起时，他就会明白哪些物品可以摞在一起，哪些物品是不能摞在一起这个基本概念。

但是在父亲意识到孩子的意图之前，他曾亲自给儿子设计过一套方案。他事先将两个鸡蛋煮熟，当孩子因为不能将两个鸡蛋摞在一起又要大哭大闹时，他拿出这两个熟鸡蛋，在儿子面前将鸡蛋一磕，两个鸡蛋果然就摞在了一起。但是小男孩愣了几秒钟，就“哇哇”大哭起来，非说鸡蛋碎了，接着还将鸡蛋扔在地上使劲踩。父亲怒了，一把揪住孩子，在他的屁股上狠狠地打了两下。

这位父亲的恼怒不仅是因为自己的计划失败了，还恼怒孩子为何非要摞原本就不可能摞在一起的鸡蛋。但孩子可不这么认为，他会觉得父亲不允许他去探索，所以，为了避免再次被父亲揍，他会选择放弃这类探索。这可能会导致他在今后，甚至长大后也失去这种探索精神。

或许很多家长都与这位父亲有着类似的经历，他们希望孩子乖巧、懂事、听话，却不知道孩子的倔强、不听话其实都是自然本性。

家长不该成为孩子成长道路上的破坏者，而要让孩子多想多做，只有这样，孩子才能去实施大自然赋予自己的天性“计划”，最终成为自己，而不是别人。因此，家长同样要相信自己固执的孩子，相信他很棒，固执只是他的一种自我保护行为。

心理学家认为，孩子的执拗期一般是在三岁到五岁之间，成人不要因为孩子的一些执拗言行而轻易发怒，也不要在孩子的背后发火，因为你的不良情绪，孩子完全可以感知得到。假如你明明心中有怒火，却还在孩子面前强装笑颜，那孩子就会觉得奇怪，心想：爸爸明明很生气，为什么还要对我笑呢？这样一来，为了一探究竟，孩子反而可能会做出更多的事情来让你生气。所以，就有很多家长发现，自己越是生气，孩子就越不乖。

家长对孩子的信任就好比相信一颗被埋在土壤里的种子，只要为它浇灌，就一定可以长成一株树苗，然后开出花朵，结出果实。这是一种生命的状态，相信你的孩子其实就是在相信生命。而孩子作为一颗种子，家长的信任就像浇灌种子的水分，所以孩子会按照自己的自然机制去成长，这样一来，家长也不会在孩子成长的过程中产生过多的焦虑情绪。

很多家长都希望自己的孩子自信、有才华、有本领，可以拥有世界上最好的一切。但他们希望孩子能够按照他们的观念发展，走他们认为正确的路，让孩子活得精彩。事实上，这种想法会使家长在这样的爱中变得盲目，而忽略了孩子自身的需要。

此外，如果家长对自己的某些行为或个性特征不满意，当他们发现孩子与自己有一样的行为或个性时，他们就会担心孩子会经历与自己一样的失败，便会试着去纠正这些行为或个性。然而，在这样的过程中，家长其实是在扭曲孩子的天性，并造成孩子的自卑感和失落感。这其实就是家长没有能够接受孩子天生的本性而造成的。

因此，信任不仅仅是相信孩子能做好日常生活中的小事，还包括信任孩子的天性。

第四节　尊重才能互相理解

一、尊重孩子，让他们感觉自己被重视

家长对孩子的娇惯、溺爱以及恨铁不成钢的指责，都不是对孩子表达爱的正确表现。家长应该学会尊重孩子，孩子的自尊心就像是一棵稚嫩的幼苗，一旦受到伤害，就会留下难以愈合的伤口，影响其一生。

有一次，小亮的老师对小亮的母亲周女士说，学校暑假有一个夏令营，可以让小亮参加。周女士当即就答应下来，但小亮得知消息之后，却并没有表现出周女士想象中的欢呼雀跃。一个星期之后，学校开始办理参加夏令营的手续和缴费，费用有点高，但已经答应了老师，周女士也就没有说什么，只是想着让儿子出去参加夏令营，也是一件好事。

然而，当小亮从学校参加完夏令营培训回来后，却眉头紧皱，他十分不开心地对周女士说："那个夏令营根本就没有我想看的海底世界，我不想去了！"周女士说："钱都交了，现在怎么能不去呢？""钱交了又不是退不回来了。"小亮的态度非常坚决。

周女士很为难，因为自己当初答应了老师，况且参加夏令

营对儿子而言总是有好处的，这样想着，她几乎都要训斥儿子了。但就在此时，她的脑海中闪过一个念头，也就是在前几天的家长探讨会上，周女士从其他家长那里借鉴来的经验——要想做孩子的法官，就先当孩子的律师。于是，周女士换了一种口吻，说道："参不参加夏令营，这是你的权利，如果你已经决定不去了，那你就负责去向老师解释清楚，而且办好退营手续，可以吗？"

小亮很干脆地答应了，并且第二天晚上回家时，就将退营的费用如数交给了周女士。

心理学家认为，孩子对自身权利的意识在幼年时期就已处于萌芽状态，家长则扮演着唤醒孩子权利意识的重要角色。所以，多尊重孩子的选择并引导他们认识到自己的权利，孩子的权利意识就会从无到有，他们也会渐渐懂得如何去捍卫自己的权利了。

家长尊重孩子，孩子才能感到自己被重视，才能反过来学习尊重别人，建立自尊意识，这是健康人格形成的基础。教育学家指出，家长是否尊重孩子，将会在孩子的一生中起到至关重要的作用。如果家长能够将成人之间那种处理问题的方式、技巧和宽容的态度运用到孩子身上，孩子会很受感动，并且能感受到来自家长的尊重和重视。

但很多时候，家长都无法做到这一点，这会使孩子在被指责与受到伤害之后，大多都不懂得要怎样去捍卫自己的权利以及如何修复被伤害的自尊心。于是，一些个性较软弱的孩子就默默忍受着，接受家长的决定和判断，而那些个性较强的孩子则会站出来表示反抗，而成为家长眼中“不听话”的孩子了。

尊重究竟是什么？家长给予孩子尊重，不仅是要保护他们的自尊心，还要时刻站在他们的立场上看问题。家长需要为孩子营造一个和谐宽松的发展环境，不是事事都为孩子操办，也不是在表面上做做文章，而是要真正地做到理解孩子。设想一下，如果你是孩子，你会怎么想？你更需要什么？当你学会并且习惯站在孩子的角度上看问题时，你就已经在尊重你的孩子了，而他们也同样可以感受到这份来自家长的尊重。这才是真正的尊重。

家长要做到真正尊重孩子，可以从以下几个方面着手。

（1）尊重孩子自己的决定。比如，在上述案例中，周女士虽然希望儿子去参加夏令营，但因为儿子坚持不去，她也就尊重了儿子的意见,并且提醒他“参不参加夏令营是你的权利”，这很好地维护了孩子的自尊心。假如周女士不同意退营，执意要求孩子参加夏令营，那么小亮即使去了也不会开心，更不会感觉到自己是被尊重的。

（2）平等地对待孩子。身为家长，要接纳你的孩子最天然的样子，不要歧视，也不要带有偏见，用一颗宽容的心包容和理解孩子，维护好孩子那颗脆弱的幼小心灵。

（3）允许孩子有自己的秘密。家长是孩子的监护人，但这并不意味着家长可以操控孩子的一切。要尊重孩子，就不要试图去探究孩子的隐私，一切涉及孩子隐私的行为都应该事先经过孩子的同意，尤其是当孩子的年龄越来越大时就更要注意，比如，走进孩子的房间前要先敲门，不随便翻看孩子的笔记等。家长要把孩子当成朋友一样来对待和尊重。

（4）孩子的人格应该得到家长的尊重。孩子不论大小都有自己的人格，都是实实在在的一个人，家长不应认为孩子还小，就不需要尊重。

二、尊重孩子爱问的天性

世界著名的发明家爱迪生从小就特别爱问“为什么”，他很好地诠释了一个孩子好问的天性。有一次，老师在讲台上讲解着“一位数加法”法则，台下的同学们都听得非常认真。此时，爱迪生举起手来问道：“2 加 2 为什么等于 4？”老师愣了几秒钟，之后依旧继续上课。

对于这样的问题，老师们都已经见怪不怪了，因为他已经问过太多让老师们难以回答的问题了，比如“太阳为什么只在白天出来？”“月亮为什么会亮呢？”因为这些问题老师们无法回答，所以爱迪生也遭到了一些老师的反感。

其实，爱迪生的父亲也会常常被儿子问得哑口无言，无奈之下，父亲就会拍拍他的小脑袋瓜，说：“去问你妈妈。”因为母亲对爱迪生的所有提问从来都不会感到不耐烦，还会反复为他解答疑问。在爱迪生很小的时候，当他看到家里的母鸡屁股下面有鸡蛋时，便像发现了惊天秘密似的，跑到母亲身边说：

“妈妈，母鸡为什么要坐在鸡蛋上面？”母亲放下手中的活儿，笑着说：“那是鸡妈妈在孵鸡宝宝呢！鸡妈妈要将那些鸡蛋焐热，然后小鸡就会从里面爬出来了，看看咱家院子里的那些小鸡，都是被鸡妈妈用这样的方式孵出来的呀！”

爱迪生听了很兴奋，觉得这太神奇了，想了想之后又问道：“那么，只要将鸡蛋放在屁股下面焐热了，就可以孵出小鸡，对吗？”“是啊，就是这样的。”听完母亲的回答，爱迪生不再提问了，他陷入了沉思。母亲也就转身去做别的事情了。

但是到吃饭的时候，母亲却找不到爱迪生了，屋里屋外都没有他的踪影，母亲一着急就大喊爱迪生的名字。此时，从仓库中传来了爱迪生的回应。母亲前去一看，发现爱迪生在那里做了一个“窝”，里面放了好多鸡蛋，而爱迪生正蹲在上面。母亲问：“你这是在做什么？”爱迪生一本正经地说：“我在孵小鸡呀！”母亲禁不住笑出了声。

当爱迪生将自己在学校所受的委屈讲给母亲听后，母亲决定去学校找老师了解情况。但没想到老师们居然当着她的面数落爱迪生脑子笨，还说学校教不好他这样的学生。母亲觉得儿子受到了侮辱，她说：“他喜欢问问题是因为他善于思考，有好奇心，求知的欲望强烈，但你们绝对不能说他有智力问题。因为在我看来，他比其他孩子要聪明很多。既然你们觉得我的孩子笨，那我就带他回家，由我自己来教！”

这之后，母亲就成了爱迪生的专职家庭教师，不管儿子提出多么稀奇古怪的问题，她都能够耐心解答并鼓励他。当发现爱迪生对物理和化学特别感兴趣后，她还买回了《派克科学读本》，并让丈夫将家中的小阁楼进行了改造，做成了爱迪生的小实验室。

或许正是因为这位伟大的母亲给了儿子充分发挥的空间，才使爱迪生在十六岁时，便有了很多伟大的发明。爱迪生的一生不仅在留声机、电灯、电话、电报的改进发明上为人类做出了卓越贡献，还在矿业、建筑业、化工业等领域有所建树。

哈佛大学校长陆登庭曾经说过："如果没有好奇心和纯粹的求知欲为动力，就不可能产生那些对人类和社会具有巨大价值的发明创造。"全世界的人都有可能怀疑一个孩子，但唯独孩子的家长不能。相信孩子的才能，尊重孩子与生俱来的天性，这是家长对孩子最起码的爱。在日常生活中，当你的孩子向你提出问题时，你应该尽量给予其比较科学、正确的回答，并且还要不失时机地对其表示肯定与表扬，鼓励孩子继续保持好问、开动脑筋的习惯。家长要尊重孩子爱问的天性，维护孩子与生俱来的好奇心。

第二章

赏识教育——让孩子在爱中成长

什么是赏识教育？它并不仅仅是家长对孩子的表扬和鼓励，还是家长对孩子行为结果的一种肯定，并以此来强化孩子的言行；是家长对孩子言行过程的一种赏识，以此来激发孩子的兴趣与动机；是家长为孩子营造的成长环境，以指明其发展方向。它还会起到及时提醒的作用，以增强孩子的心理体验，帮助家长纠正孩子的不良行为。那么，赏识教育会给孩子带来什么？母亲是如何在赏识教育中扮演重要角色的？你会对自己的孩子表达赏识吗？家长在赞赏孩子的时候需要注意哪些问题？

第一节　赏识教育开启爱之旅

小雪自小在学习方面就不拔尖，但在生活方面却是一个非常积极乐观的小姑娘。她的母亲林女士也没有强求孩子，即使女儿没有获得“三好学生”，她依旧会说：“我知道你是最棒的，在很多方面都比那些被评上‘三好’的学生强。”此外，她还经常教导女儿，遇事要首先从自身找原因，并时不时地鼓励小雪，无条件地支持女儿几乎所有的决定，因为林女士认为，既然女儿这样做，就一定有她自己的原因。

有一次，小雪报名参加了数学培优比赛，但练习一个月之后，她就觉得做题实在是太乏味了，索性放弃了比赛。如果换作有的母亲，小雪的放弃势必会招致一顿斥责，但小雪的决定得到了林女士的支持。或许这位母亲也没有想到，就是这样的一种教育方式，让这个从小就没有拿过“三好学生”的女孩在十八岁那年成为她所在高中第一个被剑桥大学录取的女学生。

剑桥大学录取学生一般都要经过笔试、面试、雅思考试、理科高考四项考核，而小雪由于在笔试和面试中表现优异，所以后面的两门科目考核都被免了。

说起小雪，学校的老师们也赞不绝口，他们都说这孩子勤奋好学，有时候她会就一个问题去问很多老师，以便学习不同的思维方式。

事实上，除了英国剑桥大学，小雪还同时被英国多所名校录取，但经过考虑，小雪还是选择了剑桥大学自然科学系本硕连读。

母亲的赏识使小雪从小就自信满满，她不用因为得不到“三好学生”而感到自卑，也不必因为某些选择和决定得不到家长的支持而苦恼。在母亲的教育方式下，小雪充分发挥了她的聪明才智。

赏识就是热爱生命，善待生命。家长给予孩子的赏识是孩子成长过程中的阳光、空气和水分，是双方平等沟通和交往的桥梁，能使孩子感受到自己在家长眼中的重要性。当赏识和教育结合在一起时，就成了家长和老师走进孩子心灵、走出教育误区的一种途径，是实现家庭和谐、两代人成为朋友并共同成长的一种教育方式。在这个过程中，家长要承认差异、允许失败，充分开发孩子的潜能。

一、关于赏识教育

美国心理学家威廉·詹姆斯说过：“人性最深刻的原则就是希望别人对自己加以赏识。”所以，赏识在某种意义上也是一种激励。一个没有接受过激励的人只能在现实中发挥其能力的 20% ~ 30%，而一旦受到激励，其能力就会发挥到之前的 3 ~ 4 倍。因而，在学习的过程中，激励对孩子至关重要。

在孩子学习和成长的过程中，有些家长或许总是会举着一把标准尺子来要求他们，如果试卷是100分的满分制，家长会认为孩子考不到100分就是失败的。这使很多孩子都长期活在失败的阴影中，并时时品尝失败的痛苦。比如，当你的孩子拿到95分时，你会说“很棒！还有5分就到100分了！”还是会说“怎么还差5分？你都是怎么学的？”前者既给予了孩子充分的肯定，同时也寄予了对孩子的期望，能够成功地鼓励孩子；而后者否定了孩子的一切成绩，会打击孩子的自信心。所以说，要想让孩子有更好的表现，就一定要坚持表扬和鼓励的原则。

实际上，赏识教育是一种再普通不过的教育方式了，这种教育方式几乎所有的家长都能具备和掌握，却很少有人发现和启用，甚至人们在一代又一代的教育中将其遗忘了。赏识教育认为，人的成长都是由“学习”开始的，如学习说话、学习走路等，而家长对孩子的教育又都是从教孩子“学习说话和走路”开始的。这里面包含了许多关于教育的秘密。

尊重、信任、理解、包容、激励、提醒，这是赏识教育的基本原则和方法。从赏识教育的来源方面分析，它其实是对生命的一种体验；站在教育的角度看，它则是思想的一种传承；从教育者的立场上看，它是心态的回归；而站在受教育者的位置上看，它是一种心灵的解放。赏识教育是教育观念的更新换代，也是语言表达的一种突破。

赏识教育是和谐、平等的教育。赏识首先应该建立在亲子关系和谐的基础上，如果家长总是用一种高高在上的姿态来进行说教，字里行间处处是权威，态度时刻盛气凌人，并用命令的口吻说：“我怎么说的，你就必须怎么做！”强行把自己的意愿加在孩子身上，不仅难以建立和谐的亲子关系，更不可能让孩子听话。因此，和谐、平等应该建立在宽容、沟通、理解、尊重的基础上。

（1）赏识教育是爱的延伸。赏识你的孩子其实也是爱你的孩子的表现。家长对孩子要关怀、鼓励、支持、认可，而不是一味责骂、贬低，家长应该为孩子营造一个健康的成长环境，让孩子在温馨和爱中成长。

（2）赏识教育是将优点放大，把缺点缩小的教育方式。正所谓“金无足赤，人无完人”，成人还会犯错，更何况是孩子。家长在教育孩子的过程中一定要看到他们的优点，并尽可能地将其优点放大，用最合理的方式表达出来；当发现孩子有缺点或做错了事时，也没有必要大惊小怪，甚至责骂或动手。家长要用宽容的心态去看待这些缺点，就会很快发现，那些缺点会被优点的光芒所掩盖，直至慢慢改正。所以，家长要时常夸赞他们，表扬他们，多去发现孩子的闪光点，久而久之，孩子也会变得越来越好。

（3）赏识教育关注追求和自信的统一。赏识教育的根本目的是要培养孩子的自信心，家长要引导孩子养成勇于追求目标的意识，只有敢于追求目标的人才会产生努力的动力。家长应该根据孩子不同年龄阶段的需求为其设置一些经过努力可以实现的目标，而这种设置方式往往需要通过表扬的形式传递出来，既鼓励了孩子，也表达了作为家长的某种期望，使孩子始终保持着积极乐观的健康心态。

（4）赏识教育也要配合适度的批评。赏识并不是一味夸赞孩子，对孩子的缺点视而不见，而是要在孩子出现问题时及时批评纠正其错误。但家长批评的方式要慎重，方法须得当，既不能以点代面，也不能小题大做。家长最好帮助孩子一起去克服困难，冲破阻碍，必要的时候还可以晓之以理、动之以情。如果家长只是对孩子的行为粗暴地加以干涉，那么只会适得其反。

二、赏识教育让孩子在爱中成长

爱究竟是什么？也许很多人都无法回答这个问题，或许不少人都有自己独特的见解。有一种说法是这样的："爱是恒久的忍耐，又有恩慈；爱不是嫉妒，爱是不自夸，不张狂……凡事包容，凡事相信，凡事忍耐；爱是永不止息。"这其中当然也包括了家长对孩子的爱。可以说，赏识教育就是爱的教育，这里的爱是源于对脆弱生命和孤寂心灵的爱，不以任何功利为目的，不是为了要孩子成为名家，更不是要让孩子去完成自己未完成的梦想，而是为了孩子能够健康、快乐、自信地成长。

家长在对孩子进行赏识教育时，爱应该包括三个不同的层面。

第一层面是爱得安心。当你竖起大拇指称赞你的孩子时，这就意味着你爱他。所谓"教育之道，即安心之道"，给予孩子全部的爱、无条件的爱、符合大自然一切规律的爱，接受孩子所有的好与不好。

第二层面是爱得顺畅。有人说，当你不能接受你身边的人时，其实是你还不能接受你自己。爱也一样，只有当你深爱着自己、深爱着伴侣时，才能好好地爱你的孩子。换句话说，爱就像一条河流，上游是爱自己，达到自身和谐；中游是爱另一半，达到婚姻和谐；下游才是爱孩子，达到亲子和谐。

第三层面是爱得宽容。自身、婚姻、亲子关系的和谐意味着一个人生活状态的圆满。当你的爱变得宽容时，你就会愿意站在孩子的角度去看问题了，也会理解孩子在成长过程中那些不符合你预期的言行。

第二节　母亲，赏识教育中的重要角色

一、母亲的欣赏让孩子走进清华

家长究竟应该如何去教育孩子？怎样才能让孩子在失败的时候既不会丧失信心，还会再次鼓起勇气去努力？下面是一则曾经感动了无数家长的故事，也是赏识教育的一个成功典范。

她第一次去参加家长会的时候，幼儿园的老师就告诉她：“你的儿子有多动症，在凳子上坐着超不过三分钟，建议你带他去医院看一下。”老师的语气和眼神中充满了不屑，她知道，老师已经对她的儿子产生了偏见。在回家的路上，儿子仰起小脸问她：“妈妈，老师是不是告我的状了？”她一愣，这才意识到自己的情绪已经被儿子察觉，于是她说：“不，老师是表扬了你，他说你以前在凳子上都坐不住一分钟，现在都可以坐三分钟了。其他家长都羡慕呢，全班只有你进步了。”

儿子听了很开心，当天晚上一连吃了两碗米饭，这是他有史以来吃得最多的一顿饭，而且还没有让母亲帮忙。

在儿子读小学时，一次家长会上，老师对她说：“咱们班有五十名学生，但这次数学考试中，你的儿子排在倒数十位的名单里。我们怀疑他的智力有问题，建议你带他去医院做一次

检查。”她听后很伤心，路上不停地掉眼泪，但是回到家后，她却微笑着对儿子说：“老师说他对你充满了信心，还说你并不笨，只要再努力一些，再细心一点，下回考试就会超过你的同桌了，这次你的同桌排在第二十一名。”儿子的眼中顿时充满了光彩，沮丧的神情也一下子变得轻松很多，他开始很自觉地做作业，也会很温和地和母亲说话。

在她儿子读初中的时候，家长会总是不定期地举行。这一次，她还是一如既往地坐在儿子的座位上，等着老师念她儿子的名字，因为按照惯例，老师会逐一点差生的名。但这次，直到家长会结束，她都没有听到儿子的名字，这令她十分惊喜，并且很想知道儿子的表现。后来，她主动去找儿子的班主任，老师告诉她，按照她儿子现在的成绩，考上重点高中是有些危险的。

这个答案对她来说意味着希望。家长会结束后，她发现儿子正在校园门外等着她，一路上，她一直扶着儿子的肩膀，对儿子说：“儿子啊，班主任对你的表现很满意，还说只要你再努力一些，就很有希望考上重点高中。”

儿子上高中了，她依旧不失时机地表扬和肯定儿子，那些在老师们和同学们眼中被否定的东西，在她的眼里和嘴里都变成了肯定。就好像面对半杯水，其他人都叹息：“哎，就剩下半杯水了！”而她总是会说：“还有半杯水呢！”在她充满肯定和希望的鼓励中，儿子在一天天进步。高考后，第一批录取通知书下达了，学校打电话来要儿子去学校一趟。她坐在家里，心里有一种预感——她的儿子肯定是被清华录取了。因为在填写志愿的时候，她就说过相信儿子一定有这个能力。

回来时，儿子的手中果然握着清华大学的录取通知书，当他把这来之不易的一张纸递给母亲时，眼泪也顺着脸颊流了下来，然后转身冲进房间哭了起来："妈妈，我不聪明，我一直都知道，可是在这个世界上只有您一直在欣赏着我……"

家长的肯定和鼓励对孩子很重要，孩子也许会被周围的人瞧不起，甚至被老师认为有智力问题，但只要家长相信并鼓励他们是聪明的、有能力的、有进步的，那么，孩子就会有动力并知道如何去努力。家长的一句话可能足以改变孩子的一生。如果故事中的这位母亲将老师的话如实转达给孩子，并像老师一样指责他，那么孩子也许会越来越消沉，越来越烦躁，越来越堕落，考上清华也就成了妄想。

二、继母的一句话扭转了卡耐基的一生

戴尔·卡耐基是美国现代成人教育之父，也是二十世纪最伟大的心灵导师与成功学大师。小时候，他曾经被称为"坏小孩"，就连他的父亲都时常这样称呼他。九岁那年，父亲娶了一位富家千金，卡耐基有了继母。当时卡耐基和父亲是乡下的贫苦人家，而这位过惯了富裕生活的女人即将成为卡耐基的继母，谁也不知道她将如何对待这个淘气的小男孩。

然而，事情总是会朝着人们预想不到的方向发展。一天，

父亲将卡耐基拉到继母的面前，对继母说：“亲爱的，你看，这就是让我无可奈何的最坏的男孩，你要注意，说不定明天早上他就会拿着石头来扔你，或者做其他令你意想不到的事情。”但没想到，继母竟十分慈爱地对着卡耐基微笑，并走到卡耐基的面前，托起他的脑袋很仔细地看着他，然后转身对她的丈夫说：“不，他可不是最坏的男孩，而是最机灵和最具有创造力的男孩，他只是还没有找到发泄热情的地方。”

卡耐基听了心里暖暖的，眼泪开始在眼眶中打转，这些话对他来说是那么难得，以前从来没有一个人这样对他说过。这也使卡耐基对这位继母的偏见瞬间消失，并在之后与她建立了深厚的感情。

十四岁那年，继母送给卡耐基一部二手的打字机，说：“我相信你会成为一名作家。”继母曾经用一句话激励了他，而现在这句话也同样深深地触动了他的心灵。继母自从走进了卡耐基父子的世界，就用她的热忱和善良改变了这个家庭，更改变了卡耐基。此后，卡耐基开始向当地报社投稿。他的热情、想象力和创造力都在迸发，智慧的光芒也随之慢慢散发出来。

不得不承认，继母的鼓励改变了卡耐基的一生。受到鼓励的孩子会变得越来越好，因为鼓励能帮助孩子建立自尊和自信，使孩子拥有实现自我价值的动力。

三、母亲给的赏识是世界上最神奇的良药

有一位哲人曾经说过，孩子是母亲的影子，母亲是社会的缩影。可见，母亲在社会、家庭以及孩子的成长过程中都有着不可取代的地位。一位母亲在家庭的教育中扮演的角色，将影响孩子的一生。

美国著名画家本杰明·韦斯特的成功就源于母亲的正确教育。韦斯特小的时候经常待在家中带妹妹，有一次，他拿起母亲的画笔蘸上颜料，开始在地上、墙上到处涂鸦。母亲回来后，发现屋里到处都是色彩各异的颜料，她很震惊，却没有责备他，而是非常欣赏这样的“作品”，并对韦斯特夸赞不已。也就是这次经历，让韦斯特开始迷上了画画。后来，韦斯特果真成为一位著名画家。

一个母亲对孩子的赏识对孩子日后的发展非常重要，在赏识教育中，夸赞和信任一样重要。孩子需要的不仅是一名称职的老师，还有懂得欣赏他们的观众。母亲一定程度上可以说是孩子最好的观众。赏识和鼓励孩子不仅是对自己的肯定，更是对孩子天分的认可，对整个家庭，乃至对整个社会来说都至关重要。

薇薇是一位六岁孩子的母亲，有着一头乌黑的长发，还有一张时刻保持着微笑的面庞。但之前她也曾每天愁眉不展，对自己不满意。她的这种情绪还会牵连到她对儿子和丈夫的态度

上，只要孩子稍微有点闹或者犯点小错，她就会怒不可遏。在儿子两岁的时候，她将孩子放在澡盆里准备给他洗澡，但孩子就是不肯安静下来，薇薇很烦躁，于是把儿子的小屁股打得通红。类似的事情还有很多，儿子因此不敢与她亲近；丈夫经常出差在外，回来时也碰钉子，薇薇只要不顺心就会和他大吵。这样的生活让薇薇感到窒息，经常后悔但又不能控制自己的情绪。

好在薇薇后来意识到了问题的严重性，她翻阅了很多心理学方面的书籍，还参加了许多不同类型的讲座，最后终于发现，她现在对自己的不满其实源于早年受到的家庭教育。薇薇很小的时候，母亲对她十分严厉，对她的要求也特别严格，当她不想去排练舞蹈或者不愿去琴房练钢琴时，母亲就责骂她。从小到大，薇薇听到最多的就是母亲的责骂声，这些责骂声贯穿了薇薇的整个童年时期。

长大后的薇薇毕业于北京的一所名校，后来在一家国企上班，丈夫是生意人，对她也很体贴。薇薇的生活宽裕，日子富足，可还是经常感到莫名的不满，有时候还会产生强烈的焦虑感。有了孩子之后，薇薇更是变得严厉无比，不容许儿子出半点差错。

心理医生告诉她，要学着放下，从心底里原谅自己的母亲，赶走不满的情绪，否则，她与儿子的关系会越来越糟，家庭教育也会出现问题。心病还需心药医，薇薇与父母进行了一次深刻的谈话，当她的母亲意识到自己当初对薇薇的严格教育造成了今天的后果时，她一遍又一遍地向女儿道歉，母女俩哭着抱成了一团。

薇薇了解到，母亲也是这样长大的，她以为那是爱，却不知那只是一种发泄方式。从那天起，薇薇从心底里才真正地原谅了母亲，并放下了长久以来对自己的不满。

接下来的两年时间，薇薇一直在参加活动，她希望将自己的经历告诉更多已经成为母亲或即将做母亲的女人，不要将自己内心的负面情感转移给孩子，更不要以爱的名义去伤害无辜的孩子。大多数家长在打骂孩子时，其实都是因为自己内心的愤怒情绪，而并非是因为孩子犯了多么不可弥补的大错。家长要想想自己为何而生气。也许孩子只是导火索，但他们却成了你发泄的对象，这是不公平的。所以，多去欣赏和夸赞你的孩子吧，不要责骂和贬低他们。

现在的薇薇对家人、对孩子都充满了宽容，尤其是对儿子。当儿子的考试成绩低于全班平均分时，她也不会苛责他，比起儿子将来能否考上一所名牌大学，她更注重儿子的人格是否健全，儿子是否开心、快乐。当儿子犯错时，她会耐心地和他讲道理；当儿子懒散、不想做作业时，她会帮他将作业设计成游戏，引导儿子从枯燥的作业中发现乐趣。

当然，孩子也在她的影响下越来越懂得体谅人和安慰人，记得感恩节那天，班里四十个同学，只有她的儿子在没有人提醒的情况下悄悄给老师送了份礼物。而更让薇薇感到欣慰的是，儿子不再疏远自己，甚至还有些黏着她，她的话也变得有分量，儿子爱听了。

心理学上有一个名词叫“强迫性重复”，在人际关系中，它可以被理解为个体在小时候接受和养成的关系模式在不知不觉中进行不断的复制，有时候是相同模式的复制，有时候是完全相反模式的复制。薇薇的母亲因为自己童年的经历而对薇薇要求严厉，而薇薇为人母之后对自己的不满和对儿子的苛刻，也是由童年时期母亲严格的教育方式所致。所幸薇薇及时意识到了这一点，并积极寻求帮助，最终改变了自己的心态，也改变了她对孩子的教育模式。

家庭是一个系统，母亲在家庭教育中处于重要的位置，她的一言一行都在影响着整个系统的运作。如果你也是一位母亲，当你要对孩子发火时，要想清楚，你是不是心中有其他的困扰，你的怒火到底是源自哪里……能否换一种形式，用欣赏的眼光和肯定的态度去看待你的孩子。不要让你的愤怒淹没了孩子闪亮的眼睛，更不要让你的苛刻给孩子造成一生的心理障碍。

第三节　表达你对孩子的赏识

一、你的赏识对孩子意味着什么

两个八岁的小男孩小威和小奇，在同一个班级里读书，生活在不同风格的家庭中。

小威每天早上起床都能听到母亲的喊声："小威，赶紧，上学要迟到了！"小威特别喜欢绿色和粉色的装扮，这天早上，他打开衣柜又翻出了那件粉色的T恤衫和绿色的小短裤，穿上后光着脚去刷牙了。不多一会儿，他就听到母亲在客厅里大喊："小祖宗，我从七点一直喊你到现在，瞧瞧都几点了，你难道又想迟到吗？"小威不吭声，默默地走到饭桌前，准备拿起油条来吃，又听到他父亲说："你怎么又用粉色搭配绿色了？这件粉色T恤是用来搭配那件黑色裤子的，你这样搭配看起来真是太奇怪了！不行，吃完早饭就去换掉。""……对了，牛奶要喝完……还有，不能光着脚去上学，赶紧穿上鞋子……"母亲又补充道。小威只好默默地点头，他很快吃完了油条，剩下半杯牛奶，然后转身去屋里换衣服去了。

临走时，母亲嘱咐他："午饭要多吃点，学校的饭菜如果你不喜欢吃，就告诉我，下回给你做好吃的自己带，知道吗？还有，要听老师的话，好好学习。"她领着小威走到马路对面就折回来了，回到家看到剩下的半杯牛奶，说："这孩子，我真是拿他没办法。"

小奇住在小威家邻近的那个小区，母亲也是每天七点钟喊他起床，但方式却和小威的母亲完全不同："小奇，七点了！你是现在就起床还是五分钟之后呢？""五分钟之后。"小奇带着睡意，打了个哈欠，又接着睡了。大约五分钟后，小奇起床并自己挑选了今天要穿的衣服，习惯性地光着脚丫子去洗漱了。

过了一会儿，小奇来到饭桌前准备吃早餐，父亲已经坐在对面了，他发现小奇今天穿的是天蓝色的T恤衫和绿色的小短裤，不禁皱了皱眉，说："我们家小奇很喜欢蓝色和绿色吧，但有时候这两种颜色分开搭配会带给你不一样的感受，下回可以尝试一下，你说呢？"小奇想了想，说："爸爸，那我把T恤换成米黄色，这个颜色看起来很舒服。"然后扭头看着母亲，母亲朝他微笑着点了点头。接着他们聊了一会儿，小奇告诉他们，因为学校的午饭太单调了，很多小朋友都自己带饭，大家还在一起分着吃，小伙伴们都说他的饭菜最好吃。妈妈听了很高兴："喏，今天的会更好吃，我还特意多做了一点呢！"小奇进屋换衣服，母亲把他的午饭准备好。七点四十分，小奇和爸爸妈妈说了声再见，然后就自己出门了。

接下来，再看看小威和小奇在班级里的表现。小奇在课堂上很活跃，反应敏捷，老师提问题，他总是积极举手回答；而小威就非常安静了，他在上课的时候表情很严肃，但又常常走神，老师提问题，他也想回答，却又不敢举手，除非老师点到了他的名字。

有一次，班主任通知大家，学校要组织一次野外聚餐活动，自愿参加，参加者要各自准备食物，每个班级选派两名志愿者，负责设计班级的标志性条幅，还需要一个人负责组织活动和统计参加聚餐的同学名单。小奇第一个举手要求做志愿者，并和另外一个小伙伴共同设计了一条创意非常棒的条幅；小威没有举手，但很渴望参加这次的聚餐，于是，在同桌小东的鼓励下，他决定和小东合作，负责统计聚餐的同学名单。老师发现，小威做事非常认真，也很有自己的主见，可就是不大善于与人交流。

心理学家纳撒尼尔·布兰登在《自尊心理学》中指出，一个人对自己的评价会直接影响他的核心价值观、心态的积极性，甚至还会影响他的思维方式、情绪、期望、人生目标以及行为等。故事中的小威和小奇就是非常典型的例子。小威的家长总是用否定和质疑的口吻对他说话，在这种教育模式中，小威渐渐养成了沉默的性格，不善于表现自己，生怕遭到否定；而小奇的家长会经常征求他的意见，用肯定和建议的口吻跟他说话，这使小奇更为自信，也更有存在感与自豪感。

在家中获得家长赏识的孩子，要比那些得不到赏识的孩子更有自信，他们会更加乐于接受挑战，更愿意为自己设定更高的目标。自尊对于一个孩子是非常重要的，家长需要在日常生活中理解孩子的感受，给孩子自己做选择和表现自己的机会，用肯定与赞赏的口吻代替否定和质疑的语气，帮助孩子培养自尊和自信。

二、表达赏识要充分考虑孩子的接受力

汤女士最近很烦恼，原本以为采用赏识教育会产生很好的教育效果，但事实上，她的孩子却并不买账。比如有一次，当她十二岁的女儿琳琳拿着一幅刚画好的画给她看时，汤女士的第一感觉就是很不错，于是她说："很棒！瞧我女儿画的风景画多好看啊！"但女儿却瞟了她一眼，说："你根本就没觉得好看。"然后就走开了。汤女士一下子愣住了，自己明明在表扬她，可为什么女儿就不买账呢？

平时，汤女士也会变着法子表扬琳琳，希望女儿能够通过她的表扬感受到母爱。有一次，琳琳将自己的房间收拾得很整洁，还故意向汤女士"炫耀"自己的劳动成果。汤女士很感慨也很高兴，于是她这样说："琳琳真懂事，屋子收拾得很干净。"没想到琳琳把小嘴一噘，说："妈妈，你真的很虚伪！"其实，琳琳并没有将房间打扫得多干净，她只是将被子叠了起来，把书本整齐地堆放在了一角，鞋子则被塞进了床底下，因此看起来显得非常整洁。

汤女士觉得，赏识教育在她这里好像并不管用，"真不知道该怎么去讨好我的小'祖宗'了！"

赏识教育一反很多中国家长的传统教育观念，用表扬代替批评，用肯定代替否定，即将鼓励与赏识作为教育的主要策略，从而培养孩子的自信心和自尊心。但汤女士的赏识教育却出现了问题，这主要还是因为她的夸赞太过片面化，没有考虑孩子的接受能力。

不切实际的夸赞对孩子来说危害性很大。

（1）孩子会降低对家长的信任度。家长口中的“真懂事！”“真棒！”变得不值钱了。

（2）降低孩子的自我价值感。当他们意识到自己并没有家长所说的那样好时，就会怀疑别人的评价，认为大家都在说假话，久而久之就变得自卑起来。

（3）让孩子变得自负和自大。当孩子将家长的夸赞当成自己的标志时，他们就会更愿意相信那些比较容易接受、比较有利于自己的评价，而下意识地去屏蔽一些负面信息，进而变得自负。

（4）削弱孩子自己完成任务的积极性。他们会认为家长给予的期望远远超出了自己的能力，因而产生心理压力。

因此，表扬也是一门学问。赏识是家长对孩子发自内心的欣赏与认可，不但可以通过语言表达出来，还可以在不经意间借助表情、肢体动作透露出来。

首先，表扬应该适度和谨慎。随意表扬在本质上与吝啬表扬一样具有危害性。心理学家认为，在孩子成长的过程中，他们对人生、社会、周围的人等都已经形成了自己相对独立的看法，具备了一定的辨别是非的能力，同时也迫切希望得到他人的肯定。他们的洞察力非常敏锐，哪些赞赏和肯定是发自内心、中肯的，哪些赞美之词只是浮于表面的，他们几乎一听就知道。而且，十几岁的孩子已经有能力从家长说话时的表情、语气、措辞、姿态中分辨是真心或是敷衍，甚至是欺骗。当孩子认为家长的那些赞美之词都是敷衍和欺骗时，他们内心所产生的愤怒要远远大于家长的批评或不信任。因此，表扬须谨慎，不假思索、脱口而出的表扬对孩子的伤害很大。

其次，表扬不是“哄”。对孩子的夸赞不能一成不变，比如，在孩子读幼儿园时，你表扬他们“可爱”“乖巧”“听话”等，并俯下身子抚摸孩子的脑袋瓜，“哄”着他们，孩子会很开心地接受；但当他们上了初中之后，你再用这些词语和这样的语气、姿势来表扬他们，孩子就很难接受了，甚至因此而与家长怄气。

对于年龄稍大一点儿的孩子，表扬最好是使用一些具体的词语来描绘，具体到细节，并尽量避免那些听起来笼统又含混的表述方式。这样会使孩子觉得自己已经长大成人，不再是那个被“哄”着的小孩了。

最后，要找到表扬的理由。家长对孩子表示肯定和赞美要具备理由，否则会给孩子一种被“戴高帽”的感觉，而且这种泛滥式的表扬很容易让孩子觉得家长“虚伪”，认为自己“上当受骗”了。

比如，有些家长可能在平时对孩子要求比较严格，吝啬表扬，即使孩子在学习上取得了好成绩，也难得说一句夸赞。但孩子后来发现，只有在他帮家长做一些家务，或者是帮他们搬运东西时，家长才会笑着对他说“能干”“懂事”“有耐力”等。久而久之，只要家长开始微笑着表扬他，他就会出现一种条件反射，明白一定又是希望他帮自己什么忙了。这种有求于孩子的赞赏不是真正的、发自肺腑的，不具备正当理由，家长一定要杜绝。

表扬的真正理由应该是一种正确的导向，也就是家长通过表扬来告诉或引导孩子应该朝某个方向发展，同时也指出哪些是家长认为正确的，哪些是孩子做得很好并且应该继续发扬下去的，进而起到正面强化的作用，以便在孩子的心中进一步形成更为明确的指向。

第四节　避开赏识误区

现代社会中，赏识教育对大多数家长来说已经不再陌生，并且越来越多的家长都已意识到赏识教育的必要性和重要性。但也有不少家长在赏识教育中陷入困惑，因为孩子在这种赏识教育中并没有朝着他们预期的方向发展。究其原因，还是家长对赏识教育的方式和应该注意的问题不够了解，甚至一再陷入赏识教育的误区。家长在赏识教育中容易陷入的误区和应该注意的问题有以下几点。

（1）避免不切实际的夸赞，多使用描述性的赞赏。家长应该避免使用“太棒了！”“多好哇！”“真好！”之类太过笼统的夸赞之词，应该用具体的描述来表达内心的感受。家长可以描述你所看到的细节，或者直接说出你内心的某种感受，还可以将你认为值得赞赏的行为总结为一个词表述出来。比如，当孩子按时回家时，你可以说：“嗯，说好是五点半回家，现在刚好是五点半，这说明你很守时。”当孩子坚持学习了两个小时，你可以这样赞赏：“你已经坚持学习两个小时了，这叫作努力。”

（2）分清赞赏带来的效果是否真的积极。如果你不希望孩子经常爬树，但却说：“真厉害，你可以爬那么高了！”这样只会鼓励孩子再去重复这类行为，甚至会爬得更高。所以，家长在夸赞孩子之前要分清目的和效果。比如，你夸赞你的孩子表现出众，“比其他任何人都要强”，孩子就很容易养成攀比的心理，对其他同学指指点点，甚至一旦发现有谁做得比自己好，孩子便会心生妒忌。

这类表示赏识的赞美之词其实是与赏识教育的初衷背道而驰的，这会导致孩子产生错误的认识，以为只有自己表现得比别人都好时，才会得到家长的关注和赞美，无形之中就养成了强烈的比较意识，将自我评价建立在与他人的比较之上。孩子一旦形成这样的心理，便很难再感受到来自家长的真爱，在人际关系中也将处于劣势。

建议家长在表扬自己的孩子时，也要引导他们发现其他同学的优点。可见，赞美是一把“双刃剑”，家长需要有选择地使用，也要讲究使用的方法。

（3）赏识并非意味着不能批评。小美学习成绩好，是班长，有一次，她在课间管理秩序时用文具盒敲了同桌小娜的脑袋。结果小娜晚上回家向她的家长告了状，而且头上鼓出了一个大包。小娜的家人找上门来理论，小美躲在自己的房间里不敢出来。等小娜的家人走后，小美的母亲抱怨：“哼，竟然还跑到我家来数落我的孩子！”然后走到小美的面前，抚摸她的脑袋，说：“我家小美最棒了，学习成绩好，最聪明了。”小美一听母亲不仅没有责怪自己，还赞赏了她，一下子就有了底气：“嗯，我学习成绩比她好，她那是妒忌我才告状，有什么了不起的！她就是比不上我。”

小美的母亲一直都坚持赏识教育，女儿学习成绩好，又听话，在她眼中，小美不管做什么都是对的，即使错了，她也不会说一些责备的话。但是，在这种赏识教育环境中成长的小美渐渐变得过度自尊，始终有一种优越感，不管别人说什么，她都觉得自己没错，并且妒忌心强，最后小美在学校遭到了同学们的排挤。

所以，赏识教育应该建立在客观规律的基础上，对的就是对的，该赞赏就赞赏，但错了就是错了，该批评还是要批评。家长不能因为推崇赏识教育，以孩子学习成绩好为由而以偏概全，这样只会害了他们——在家长的“特殊”赞赏中，孩子与众不同的意识得以强化，进而可能刻意表现出一些出格的“独特”与“不同”。这既有损他人利益，也会造成孩子与社会的格格不入。

总之，赏识的核心是对孩子的信任和爱，当然其中也包含了教育孩子要学会坦然面对错误、勇敢承担责任。对于孩子的某些错误言行，家长要及时而严肃地指出来，同时也不忘加以提醒，表明你相信他会知错就改并且相信他是个敢于承担责任的孩子。

下面为大家提供一些在日常生活中运用赏识教育的实践经验。

（1）说“太棒了！”已经成为习惯，家长往往会脱口而出怎么办？

其实，说出来了也没关系，孩子能从这样的语气中听出你的热情，但请记得在这句话之后还要给出描述性的赞赏。

（2）“我早就知道你能行！”比不上一句“这是你努力之后的成果！”

当你的孩子在书法比赛中取得了好成绩，你说：“我早就知道你能行！”其实这是在赞赏你自己的全知全能，而不是孩子的优秀成绩。孩子会想，我自己怎么都不知道我可以呢？因此，最好的表述是：“这是你努力之后的成果！”

要赏识孩子的努力而不是聪明。孩子会有自己擅长和不擅长的领域，这些都是孩子自己不能控制的，但好成绩重在努力，努力才是发展的关键。

（3）可以在最不可能赞赏的时候去赞赏孩子。

每个家长的心目中都有一个关于孩子的理想模样，但实际上孩子很难完全成为那个样子。身为家长，一定要打破头脑中的条条框框，不要将现实和理想做比较，要用一双善于发现的眼睛去寻找孩子身上的闪光点，并及时加以强化。在你的赞赏和肯定中，孩子会将优点发扬下去。

家长甚至可以在不是应该表扬的时候表扬孩子。比如，当孩子弄丢了阅读卡，你的第一反应肯定是认为孩子太粗心了，但你可以这样说：“孩子，这张阅读卡是在你读书时办理的，到现在已经有整整四年时间了，你能够保管这么长时间，说明你还是很小心的。”因为孩子原本就很自责了，你此时给出的赞赏会鼓励他今后更加小心和细心，这样的效果是严厉的打骂和指责难以达到的。

（4）通过他人之口赞赏孩子。

评价是孩子建立自信心的一个外在标准和途径，家长还可以借助他人之口夸赞孩子，给予孩子自信心，比如，“老师说了，他很欣赏你”“邻居的阿姨夸你很有礼貌呢”。

（5）孩子有了进步要及时给出鼓励和赞赏。

赞赏不能是泛泛而谈，直接夸孩子做得好还不够，最好是把孩子的进步指出来，只有这样才能充分激发孩子的热情和积极性，鼓励他下次做得更好。当然，这样的赞赏还要及时，一旦发现孩子的进步，就要趁热打铁，避免孩子因为没有得到及时的肯定而失望，进而削弱赏识教育的效果。但赞赏要避免提及孩子过去的弱点和失误，比如，“你以前从未得到过 A+，这次居然得到了，太了不起了！”这样的赞赏如果换成“我知道你肯定在这门功课上下了很多功夫，进步很大呢！”效果会更好。

第三章

惩罚教育——帮助孩子自我醒悟

什么是惩罚教育？近年来我国教育界普遍提倡一种以赏识和激励为主的教育方式，强调家长和老师要以平等的心态与孩子对话，尊重孩子的内心。但这是不是就意味着从此不能再批评孩子？孩子犯了错也不能严厉地予以纠正？惩罚教育与赏识教育是相悖的两种手段，还是相互辅助的两种教育形式？家长如何才能做到在赏识孩子的同时，也不忘对其过错进行严格纠正？在惩罚教育中，家长需要讲究哪些技巧，又要注意哪些问题？

第一节 赏罚有度，拒绝教育“抗体”

一、欣赏与惩罚

小小读幼儿园大班，她的父母一直推崇赏识教育，认为好孩子就是夸出来的。小小很喜欢写字画画，这让父母感到非常自豪，并常常在人前夸赞女儿将来一定会很有出息。有一次，老师告诉他们，小小喜欢在教室的墙壁上乱写乱画，还经常抢夺其他小朋友的书本并在上面画画，老师希望家长能与自己一起来管管孩子。

但小小的父母可不这么认为，他们说，既然孩子爱写字画画，那就让她画，批评只会打击孩子的自尊心和热情。老师很无奈，只好在小小抢其他学生的课本或试图在墙壁上乱画时前去制止，小小的妈妈得知后还找老师进行理论。

赏识教育让很多人相信“好孩子是夸出来的”，但同时也令很多家长体会到了一味赏识带来的不良后果。事实上，家长在实施赏识教育的同时，也要深刻理解其内涵，在赏识的时候并非不能批评和惩罚孩子，该批评的时候还是要批评，该惩罚的时候也要惩罚。

孩子爱画画确实是好事，但这位母亲却误解了赏识教育的意思，真正的赏识教育离不开批评和对孩子错误行为的及时纠正。爱写字、爱画画是孩子值得赞赏的地方，可家长如果任由孩子在墙壁、同伴的课本上乱涂乱画，这便是放纵。家长一旦发现这样的行为，就应该给予严厉的批评，并且家长还要为孩子指出哪些地方和哪些时候才是适合写字和画画的。这完全不会打击孩子的自尊心和热情，不仅不会抹杀孩子爱写字、画画的天赋，还正确引导了孩子对行为对错的识别。

此外，孩子目前写字、画画很好，有积极性，不代表始终如此。身为家长，应该在孩子有不足的时候指出来，帮助孩子意识到这一点，比如，用善意的询问口吻和孩子商量，提出建议，"在这幅画中，是不是在这里多画一些小草会更好呢？""是不是可以考虑一下将这种颜色换成别的颜色？你觉得呢？"这类建议远比粗暴的批评和盲目的赞扬要好得多。

古往今来，教育界一直主张教育孩子要采取以赞赏为主，批评、惩罚为辅的方式，也就是说，赞赏、鼓励的做法也要辅之以必要的惩罚手段。但惩罚并非体罚（罚跪、罚站、打手心等方式），而是对某些不良行为的及时、强制纠正。这种纠正方式既可以体现在精神层面上，又可以表现在行为上，比如，老师可以给学生警告、记过处理，以上属于精神上的惩罚；而行为上的惩罚是指一些补偿性的措施，如让孩子打扫卫生，让他们在周末照顾小狗。这样既可以培养孩子勤劳的优秀品质，又能够增强其责任心。

著名教育家马卡连柯说过："确定整个惩罚制度的基本原

则，不仅要尽可能多地去尊重一个人，还要尽可能多地要求他。”而以上提到的惩罚与尊重其实并不矛盾。总之，家长或老师对孩子的表现首先要有一个客观的认识，并要将这种认识客观地传达给孩子，一味地夸赞只会令孩子走向另外一个极端。

廖先生在下班的路上接到一通电话，是儿子糖糖的班主任打来的，电话里班主任说糖糖的作业没有完成，数学老师现在要求孩子留校，写完了再回去，还说最好家长也来一趟。廖先生一听急了，赶紧打电话向妻子询问情况。妻子说，周末给孩子检查作业的时候，糖糖说作业全部都完成了，她也不知道是怎么回事儿。放下电话，廖先生就直奔学校去了。

到了学校才知道，孩子所说的“作业全部完成了”，是除了数学学科之外的作业完成了。在班主任和廖先生的再三追问之下，糖糖才说了心里话：“我讨厌数学，也讨厌数学老师，更讨厌他总是罚我写那些讨厌的公式。”原来，糖糖的数学老师是一个特别负责的年轻教师，从事数学教学两年，每年由他任课的班级，数学考试都是年级前三名，可以说是一位非常优秀的数学老师，平时对学生的要求也十分严格，作业量非常大。

廖先生从孩子的语气中听出了他的逆反心理，在家里，妻子喜欢用惩罚的方式来管教糖糖，但后来发现越是这样孩子就越不听话，最后还变本加厉地和妈妈作对。后来，廖先生建议妻子改变策略，在本该处罚孩子的时候说些鼓励的话，在孩子想要偷懒的时候不是批评他，而是用奖励的办法，没想到这招还真管用。

想到这儿，廖先生明白了，肯定是老师的罚写让孩子再次产生了逆反心理。最后，他和班主任进行了一次单独的谈话，并要求把孩子带回家去和他好好谈谈,第二天一早保证交作业。班主任同意了。

糖糖在路上一直没有说话，廖先生也什么都没说。快到家的时候，糖糖开口了："爸爸，这次你和妈妈是不是也准备惩罚我？""惩罚？你确实该罚！不过，你除了数学作业其他科目的作业都完成了，这是值得表扬的……还有，你的班主任说他相信你回家能够完成作业，才让你回来的，并且我也做了保证。所以，现在你要帮我这个忙吗？"

"爸爸，没问题，但是你们可千万别没收我的游戏卡。"

"嗯，下不为例。"

第二天，糖糖果然按时按量上交了数学作业。

之后，廖先生和糖糖的数学老师杨老师取得了联系，双方沟通顺利。杨老师表示，自己也有错，惩罚过度了，难怪孩子会抵触，通过这件事他会好好改进教学方式，争取让每个学生不但喜欢数学这门课，还喜欢他这个人。

孩子的作业没有完成，还谎称已经完成，确实该罚，但在惩罚孩子的时候，老师自己也要分析原因，是不是因为自己的教学方式学生接受不了。而关于惩罚，则是不但要"赏罚分明"，还要"赏罚有度"。老师布置的作业多而杂，且大多数都是以反复抄写为主，这无法满足中小学生的好奇心理和求新的心理，长此以往，难免要激起部分学生的逆反心理。

要想纠正孩子对待作业的错误心态，一方面，从事塑造学生灵魂工作的老师很有必要使用适度的赏罚结合手段，做到因时而异、因人而异；另一方面，家长也要加强与授课老师的沟通和交流，让老师了解孩子在家中的表现，告知老师自己在家中所采用的已被孩子接受的教育方式。

二、“精彩极了”与“糟糕透了”

美国著名作家、剧作家巴德·舒尔伯格从小生活在一个充满赞赏和批评的家庭里。在他八岁的时候，他将人生中创作的第一首诗拿给母亲看，舒尔伯格的母亲看后十分高兴地说：“天哪，这是你写的吗？简直是精彩极了！”舒尔伯格充满了自信和骄傲，但就在这个时候，父亲的声音传来了：“我看这首诗简直就是糟糕透了，孩子，你必须要继续努力。”

原本自信和骄傲的神情顿时消失了，他望着父亲，内心备受打击。当时，在小舒尔伯格的眼中，母亲是他自信心的来源，总是给他及时的鼓励和欣赏，而父亲却总是那么不近人情，要求十分严格。后来，他一边耳朵听着母亲“精彩极了”的鼓励，一边耳朵又听着父亲“糟糕透了”的批评，经过一次次尝试，一次次努力，一次次修改，最终创作出了大量广受赞誉的作品。

之所以能成为一名作家，舒尔伯格将这归功于自己的“严父慈母”。他还说，如果没有父亲的批评，只有母亲的表扬，说不定长大后的自己会误入歧途。所以他认为，批评和表扬一样重要，缺一不可。

可见，在赞赏和批评的背后，都有一个共同的出发点，那就是爱。家长的赏识和批评，是保证孩子的人生航线不偏离的前提。“精彩极了”和“糟糕透了”这两句简单的话语背后隐藏着丰富的家庭教育思想。“精彩极了”代表赏识和肯定，而“糟糕透了”则是批评和警醒，前者是母爱的伟大和感性，后者则是父爱的深沉和理性。可以说，赏识和批评，乃至惩罚，都是良好家庭教育必需的重要条件，缺少其中任何一个，都会对孩子的成长不利。

不管是赏识教育，还是惩罚教育，在某些特定的场合和时间，孩子只要是做了不该做的事，犯了不该犯的错，作为他们的监护人，家长都应该实事求是，适度惩罚。赞赏和惩罚都要适度，因为赞赏过度，孩子会忽略这些美丽的词汇，严重时还会走上歧途；而惩罚过度，孩子会破罐子破摔，一旦激起逆反心理，孩子就会做出反抗，和家长或老师对着干。所谓惩罚，应该在尊重孩子人格的前提下就事论事，寓教于罚，惩罚有度，所谓“三分惩戒，七分赞赏”。

第二节 欲擒故纵，让孩子“自食其果”

一对父子在沙漠里行走，经过一段时间的长途跋涉，两人都已疲惫不堪。行囊中携带的水早已喝完，饥渴令他们举步维艰，可沙漠还是无边无际。此时，父亲看到不远处有一块金色的马蹄铁，在阳光下闪闪发光。他回头对儿子说：“那是沙漠先行者的遗留物，过去捡起它吧，会有用的。”儿子抬起疲惫的双眼，朝父亲指示的方向看了看，心想：会有什么用呢？无非就是增加负累而已。于是，他摇摇头，不肯过去。

父亲没再说什么，自己走过去俯身捡起了马蹄铁。接着，两人继续向前行走，他们走进了一座城堡，在城堡里，父亲用捡来的马蹄铁换来了五百颗酸葡萄。再次上路时，父亲用酸葡萄来解渴，一边行走一边吃着，并且还时不时地抛下一颗颗酸葡萄。儿子跟在父亲的身后，一颗颗地将它们捡起来。

这位父亲让儿子付出了“代价”，当初儿子只要弯一次腰捡起马蹄铁，便能吃上酸葡萄，而现在却要弯腰几百次。这是他对儿子当初“不听话”“懒惰”行为的惩罚，用让儿子吸取教训的方式来达到教育的目的。这则小寓言启示我们，在受教育者犯了错，而教育者想不出更好的教育方式时，可以暂时不去理会，故意放任自流，等到时机成熟，再让受教育者自行体会后果，即欲擒故纵。

七岁的晓婷很喜欢小提琴，妈妈觉得应该尊重孩子的爱好，所以，当晓婷提出买小提琴的要求时，妈妈很爽快地答应了，还给她报了小提琴学习班。可晓婷只有在学习班的时候才会练习拉小提琴，回家之后就没练习过几回，尤其是在那股新鲜劲儿过去之后，晓婷就完全忽略了那把琴。妈妈提醒过她很多次，但都没有用。

没过多久，学校组织秋季少年歌舞比赛，其中就有小提琴演奏的曲目。晓婷得知后很兴奋，回到家后将小提琴从书柜中拿出来，并告诉妈妈："我要报名参加学校的小提琴演奏，站在全校同学和家长的面前拉小提琴，那肯定很迷人。"妈妈听了很开心，但她依然提醒晓婷："婷婷，你的小提琴拉得怎么样了？在家都没见你练习过，你确定你可以通过选拔吗？""放心吧，妈妈，我肯定可以。在学习班的时候老师还夸过我呢。"

当其他同学都在为这次比赛努力时，晓婷却沉浸在兴奋和喜悦中，有时候她也会拿出小提琴，但没拉多久就放下了。妈妈提醒了她很多次，要认真练习，并告诉她学习班那边的课程虽然结束了，但还可以再报名。可晓婷既不想去参加学习班，在家又不能完全专心练习，妈妈说多了她还嫌烦。

就这样，一个月的时间过去了，距离选拔小提琴手的日子越来越近，母亲没有再说什么，她觉得自己的女儿太骄傲了，或许真的应该让她遭受点儿挫折才行。

选拔的日子到了，晓婷早早起床，吃完早餐就背着小提琴去学校了。到了傍晚，晓婷又背着小提琴落寞地回来了，一进门她就大声喊："我讨厌所有人！"然后跑进卧室里哭了起来。

母亲当然知道原因，晓婷什么都没有准备，和那些准备充分的同学比起来肯定不占优势。于是，她推开了晓婷的房门。

"婷婷，怎么了？"她语气温和地问道。

"我好丢人。"晓婷哽咽着说。

"一定很难过吧！乖。"母亲安慰着女儿，晓婷进门的那句"我讨厌所有人"大概也是说"我讨厌自己做了错事"。可见，晓婷应该已经意识到了自己的错，所以，母亲放弃了"我早就提醒过你，好好练习，你就是不听"这样的数落和责备。

"我很伤心，我居然是所有拉小提琴的同学中拉得最糟糕的一个……老师说我肯定好久没练琴了。"晓婷流着泪说。

"你还会有表现的机会的。"

"太丢人了，这下同学们都知道了。"

"嗯，这肯定是的。但是，大家哪有那么多心思来关注你呢，因为他们更在乎的是自己的表现，不是吗？"

"我错了，妈妈，你叫我练琴，可我没有听你的话。"

"好了，孩子，如果你真的知道错了，那就把这次的经历当作教训，以后还可以继续练琴。明年如果你还想参加比赛，就有充足的准备了。"

晓婷用力地点点头，决定一定好好练习小提琴，为明年的选拔做好充分准备。

对家长来说，或许眼睁睁地看着自己的孩子犯错，最后造成不快的结局，让他们“自食其果”，确实不是一件容易的事情。但如果家长的劝告对孩子没有效果，而又没有更好的办法时，对事情的前因后果一目了然的家长可以让孩子体验到由自己的错误所造成的后果。在这一点上，美国著名教育家芭芭拉与她的儿子有一段小故事。

有一次，芭芭拉十一岁的儿子约瑟夫对她说：“我想要把我头发的一侧弄成双条式的发型。”芭芭拉虽然不喜欢儿子留这样的发型，可她也知道，这并不是什么危及生命、关系道德与健康的问题，而且头发还会再生。所以，她只是说：“我不喜欢这样的发型，而且我知道，周围很多人都不会喜欢这种发型。你如果一定要这样，我也不反对，但你要做好承受其他人对你的发型提出非议的心理准备。”

于是，芭芭拉就带着儿子去了发廊。理发师一见约瑟夫，就直夸他的金发好看，但当得知约瑟夫想要的发型时，他惊讶地看着芭芭拉：“将你儿子的头发剃成一侧双条式的发型，这没错吗？”芭芭拉点点头说：“对，没错。我不喜欢，但这是他的决定。我可以忍耐。”理发师在得到肯定答复后便剃去了约瑟夫一侧的头发，并只保留了两条。

结果第二天，约瑟夫就吵着要恢复原来的发型了，但不管他怎么努力，头发还是这样难以见人。他一想到昨天一天所遭到的非议，就躲在家里不敢出门。后来还是他的姐姐帮他用发胶和摩丝固定好头发，这才勉强可以出门了。

在电影《海底总动员》中，有一位很溺爱孩子的爸爸，他对孩子做出承诺，“爸爸不会让任何事情发生！”后来，“健忘鱼”多丽提醒他：“这种承诺很奇怪，你不可能阻挡任何事情的发生，因为它总会发生，无论有没有伤害。”有时候，让孩子在犯了错之后承担一些必要的后果，比紧盯着他们或者直接告诉他们，直到孩子忍受不了才屈从于家长，要有效得多。

在日常生活中，家长应该给予孩子承担后果和责任的机会，比如，当孩子没有按时完成作业时，你可以取消他晚上玩游戏的安排；当孩子玩耍之后没有按照你的要求将物品归位时，你可以暂时让他失去使用这些玩具的权利；当你苦口婆心地教导他，却无济于事时，你可以放任不管，让孩子在坚持自己的做法之后品尝失败的滋味……种种类似的做法不但有助于培养孩子自我约束的能力，让他们尽早地学会承担责任，还可以促进家长与孩子之间的互动。

心理学家提醒，当“后果”到来的时候，家长要遵守一条准则，即千万不要在孩子的面前说“我早就警告过你”这句话，而是要温和地关心他的内心感受；当孩子承认错误或者有认错的表现时，家长可以重复提醒他将来可以去做的事情。比如，“今后要再努力一点，这样你的作文才能得到更高的分数，我们可以一起来规划一下，怎么样？”这样温和的商讨既保护了孩子的自尊心，又起到了很好的激励作用。

反之，如果在这个时候，家长指责孩子，甚至与孩子发生争执，并试图用枯燥的说教来让孩子认识到自己的错误，就会适得其反。孩子的注意力会被转移，认错的意识也会降低，一心想着要和家长争辩。这就违背了“欲擒故纵”，让孩子“自食其果”的初衷。

当然，很多家长肯定要问，让孩子“自食其果”，为自己的错误行为买单，这和惩罚有什么区别？或者说，这是否也是惩罚的一种形式？事实上，惩罚是为了教训孩子，家长故意剥夺孩子的时间或者某种权利来追加孩子的痛苦，而让孩子“自食其果”则是让孩子承受由自己的某种行为带来的自然结果。

比如，孩子想要在学校的足球比赛中借用父亲的球服，但他却在前几次的借用中让自己的父亲很不满意：他答应了父亲会好好爱护球服，并且会洗干净了再归还，但他却将墨水渍留在了球服上，并扔在书包里不管不问，直到父亲追问时，他才从书包里掏出已经发臭的球服。鉴于这一点，这位父亲不愿意再把球服借给他，并直截了当地拒绝了他。

孩子当然也知道这是为什么，父亲的拒绝是对他不守承诺和不爱护球服的惩罚。意识到这一点之后，他向父亲写了一份书面保证，承诺一定好好爱护球服。于是父亲再次把球服借给了他。一个星期之后，干净的球服果然整洁地躺在父亲的衣柜里。想必这样的效果要比粗暴而直接的惩罚有效果多了。

第三节　智慧沟通，给孩子自我反省的机会

曾经有人做过这样一个实验：一根蜡烛、一盒图钉，要求学生想个办法将蜡烛固定在墙上。实验人员事先将学生分成了两组，一组学生在做这个实验之前观看了喜剧片，教室里充满了笑声，另外一组学生则观看了教育片，枯燥无味。

实验的结果是，观看了喜剧片的学生中，有 75% 的人想到了固定蜡烛的办法，即把图钉倒出来，并用两个图钉将图钉盒子钉在墙上，然后再把蜡烛粘在图钉盒子上；而观看枯燥教育片的学生中只有 20% 的人想到了这个方法。

虽然这个实验并不是非常严谨,但却初步验证了一个事实，那就是情绪对孩子的学习和思考有着非常重要的影响。由此，我们可以得出这样的结论：任何惩戒孩子的方式都应该以不破坏孩子的情绪为底线。

那么是否能够找到一个比较好的处理问题的方法呢?

家长可能这么想：

“我真的是太气愤了，这个问题我都说了多少遍，我看孩子就是要和我作对。”

“惩罚孩子时我也挺难受的，但没有别的方法。”

“假如不惩罚孩子，那还谈什么教育？”

……

孩子也可能会这样想：

“我讨厌妈妈无休止的唠叨，她就是一个女霸王。”

“有时候我觉得他们可以更严厉地惩罚我，这样我就会生病，而且病得很严重，叫他们后悔去吧。”

“我就是要和他们作对，就要！”

……

曾在一本书中看到过这样一段话：“惩罚是一种非常没有效果的管教方式，往往会令孩子朝着与我们预期相反的方向发展。很多家长用惩罚来教育孩子，主要是因为没有人教给他们更好的管教方式。”确实如此，强制性的惩罚容易激起孩子的负面情绪，既影响其智力发育和思维灵活度，也难以达到家长预期的效果。

此外，惩罚会使孩子产生敌意、抵触、抗拒的情绪，甚至会产生罪恶感、自卑感，继而可能失去自我价值感。孩子会将精力集中在如何“报复”家长上，而对自身的错误言行依旧难以有清楚而客观的认识。也就是说，当你惩罚孩子时，其实就是在剥夺他们从内心深处反省自我的过程和机会。最后，惩罚不但不能阻止孩子的不良行为，还会滋生孩子的逆反心理，让他们在再次犯错时变得小心翼翼并学会了更加巧妙地掩饰自己。

所以，如果能够使用一些代替惩罚的教育方式，会不会更好？

一、避开惩罚，给孩子一个自我反省的机会

彤彤从小就活泼好动，她对什么事情都非常好奇，一遇到好奇的东西就试图用手去触摸或干脆到处乱闯，胆子很大。有一次，妈妈带彤彤去超市里买东西，因为许久没见过堆放了这么多食品和物品的地方，因此，彤彤的好奇心瞬间膨胀了。她总是在跑道上跑来跑去,还抓了很多东西放进妈妈的购物篮里。

妈妈训斥她说：“彤彤，让我来挑……苹果家里还有很多，我们不需要……不要乱摸……快回来，跟着我！别乱跑……那是要付钱了才能喝的……”这个时候的彤彤是最兴奋的，她觉得妈妈这样一点儿都吓不到她，但是后来，彤彤不敢动了，因为妈妈特别严肃地警告她：“如果你再这样，晚上就别想吃上一口我买的草莓，还有我做的蛋糕！动画片也可以免了！”

这种恐吓的话语确实有用，却都是暂时的。彤彤总是管不住自己，只要一去超市或商场，她就兴奋得不得了，到处跑，像在探险一样。

心理学家认为，大多数家长使用的恐吓或惩罚手段都无法使孩子真正做到“听话”，因为他们低估了一个孩子对自己正在破坏规则的意识程度。很多孩子都对否认家长权威这件事进行过心理分析，他们会提前考虑好行为并权衡即将会发生的后果。

因此，像上文中彤彤的妈妈，她可以事先在家里用一些道

具排演一下在超市购物的过程，并在排练的过程中教彤彤在超市中应该遵守的规则。但不管怎样，可以不用惩罚的时候就不要用惩罚。下面来看看常小明的一次童年经历。

常小明今年读大一，闲暇时他总是会想起读小学六年级时，某个周五的夜晚，他因为贪玩而撒谎欺骗父亲的情景。

那天是星期五，马上又是一个周末！小明特别开心，因为他又可以和小伙伴们一起玩儿了。但他却忘记了两天之前和爸爸之间的约定：周五放学后骑着他的自行车去爸爸的单位门口接他（学校和爸爸的单位很近，两人可以顺便在附近的商场里吃晚饭）。当小明记起来的时候，距离约定好的时间已经过了两个半小时。

“这下糟了！”小明急忙骑上自行车往回赶，不远处他看到爸爸还在单位门口。“爸爸，对不起，车子……坏了。”小明心中很歉疚，但又不敢说实话。“我可以在这里等你十几个小时，但就是不能容忍你撒谎。”说完，爸爸转身愤然离开，准备步行回家去。小明追上去，欲言又止，他想解释，却不知道该说什么。父亲见状，接着说：“我非常生气，但不是对你，是对我自己。我已经意识到，作为一个父亲，我是多么的失败。现在让我自己走回家去，并在这五公里的路上好好自我反省。”

接下来，在为时一个小时的路上，小明始终没有吭声，只是推着车子跟在父亲的身后。也是从那天开始，小明再也没有向父亲撒过谎。高考前夕，小明问父亲：“爸爸，那天你是怎么知道我撒谎的？”“其实，我在等你的时候碰到了你同学的家长，他说你和他儿子一起去踢球了。”“那明明是我撒谎了，为什么你不惩罚我？你在外面等我那么久，后来还要自己走回家，这让我很内疚。”父亲笑了，因为这就是他想要的效果。

有些时候，家长教育孩子最好的办法往往不是直接打骂和指责，而是在教育中帮助孩子，用实际的行动感染他。当孩子体会到家长的一片苦心时，他会加深对自己错误的认知，并从中受到启发与教育。

下面是一个教学中的经典案例。

傍晚，学生们都在上晚自习，汤老师在查寝回去的路上遇到二班的班主任贾老师。贾老师很气愤地说：“这些学生真是太难管了，昨天徐小刚的画笔被偷，今天李浩的铅笔盒连同里面的二十元钱都不见了。”汤老师心头一惊，昨天的事闹得沸沸扬扬，贾老师从王艳的抽屉里当场搜出徐小刚的那支画笔，王艳脸上的表情他记得很清楚，第二天她就没来上课。这次居然还有人偷钱，确实很令人气愤！“我问李浩了，他说其中一张十元的一角缺了一小块，我们就按照这条线索搜。”

于是，两人准备一起走进二班教室，展开搜查。但就在进教室之前，已经年近六旬的老教师马老师拦住了他们，并悄悄地说了几句话。贾老师疑惑地问：“这能行吗？”马老师笑着说：“放心吧，就看你如何来处理了。”

就这样，贾老师找来一个空纸箱，在晚自习将要结束的时候走进了教室。同学们看到老师手中的纸箱开始议论纷纷，不明所以。“好了，同学们，我很不满我们班会有这样的事情发生。当然我也相信每个人都不想拿别人的东西，即使一时糊涂，心中也会万分后悔。昨天对王艳同学的处理，我们都觉得不够妥当。”

贾老师接着说：“现在有一个空纸箱，一会儿下自习的时候每个同学都将手伸进去一下，希望你们好好想清楚，不要一错再错。”接着，教室里的灯就熄灭了。同学们陆续走上前去，然后走出教室。

最后，贾老师抱着纸箱回到了办公室。打开一看，里面果然有两张被揉在一起的十元钱，还有两支钢笔、一把小刀、一块橡皮、两根铅笔。马老师欣慰地笑了，“瞧瞧，现在的孩子自尊心强着呢！我们老师在处理问题时应该考虑到这一点，给予孩子自我反省的机会，这比当众揭穿他们要有效果得多。”

过了七八年，有一天，贾老师忽然收到一封信。打开一看，原来是一位叫周同桐的学生写来的。他在信里叙述了那个让他差点无地自容的夜晚，还讲述了自己当时偷拿李浩的铅笔盒只是想恶作剧，并不知道里面还有钱，他担心自己被同学们喊成“小偷”，才迟迟不敢站出来认错。“再过一个月我就要高考了，这些年来，我一直铭记着那个夜晚，它会在我今后的人生路上时时警醒我做人的道理。”信件最后的署名刚劲有力，贾老师一时之间感慨万千。

事实上，不管教育者采用什么样的策略，只要在尊重孩子人格的基础上给予他们自我反省的机会，相信一定会比直接的体罚更有效。

自我反省是人的一种内在人格智力，也是认识自己、完善自我、取得进步的前提。对一个成年人来说，拥有自我反省的能力能够使其正确认识到自己的优点或缺点，做到自尊、自律、有规划地做事，遇到挫折也能够积极调整情绪。而在孩子的世界里，自我反省的意识尚未形成，或者正处在萌芽状态，他们尚不自知。所以，家长应该抓住每一次教育的机会来引导和激发孩子的自我反省能力。

比如，当孩子不懂事地将小鱼儿放在地上，开心地看着它们在干燥的地面上挣扎时，家长该怎么办？是大声斥责孩子“你怎么可以这么残忍！”或“这实在太不应该了，赶紧把小鱼放回去！”还是蹲下身子询问：“当你口渴的时候有什么感觉？小鱼儿现在就非常口渴，而且鱼是水生动物，一旦没有了水，它们就活不了了，所以现在它们很难受，我相信你肯定不忍心看它们这么难受的，对不对？”事实证明，斥责只会令孩子更加好奇和排斥，而循循善诱地引导孩子反省自我的方式，却能让孩子真正听话。

二、培养孩子自我反省的能力

家长不仅要抓住每一次教育机会，还要在平时注重教育方法，以便更好地培养孩子的自我反省能力。

（1）不要直接对孩子的错误行为横加指责。犯错的孩子可能在当下无法完全意识到自己的行为有何不妥，家长如果一味指责，会激起孩子的反感情绪，出现抵触行为。此时家长进行说教就失去了应有的效果，更重要的是孩子仍意识不到自己的错误行为。

（2）试着让孩子承担由自己的不良行为导致的后果。孩子犯了错当然应该及时指出来,但如果家长仅仅是指出了错误，没有让孩子承担相应的后果，反而自己去承担孩子犯错后的责任,这会令孩子觉得做了错事也没什么,还有家长为自己顶着。这不利于孩子的责任心和自我反省能力的培养。所以，家长应该试着让孩子自己去承担犯错后的责任和后果，让孩子明白这些后果是源于他们自己的错误行为并必须自己承担责任。

（3）关注负面情绪的正面效应。俗话说“人之初，性本善”，孩子内心的世界是纯净的，家长需要给他们灌输正直、善良、勇敢等正面的思想道德情感，帮助其塑造更为美好的心灵。但有时候，内疚、羞愧等负面道德情感其实比起那些正面的情感更能够在孩子的心中留下深刻印象。

因此，在孩子犯了错时，家长不妨让孩子体验一下羞愧、内疚、自责等负面道德情感，即促使其开始自我反省。这样不仅有助于加深孩子的记忆，还可以帮助他们分辨是非、善恶、对错、好坏、美丑等相互对立的现象，引导其自行改正错误。比如前文中提到的常小明和周同桐的例子，犯错不可怕，可怕的是一错再错。身为教育者，应该让犯错的孩子认识到错误，懂得内疚和羞愧，这比正面的批评和揭穿更能激发孩子的自我反省力。

三、不用惩罚也能达到教育的目的

段小毅很贪玩。前段时间外婆生病了，他答应了妈妈要好好照顾外婆，因为妈妈白天要工作，晚上还要去做兼职，这很辛苦。小毅也认为母亲很不容易，所以他决定遵照母亲的交代，每天晚上六点之前必须回到家中陪外婆说话。

但是，就在小毅信誓旦旦地答应母亲的第二天，他回家晚了十分钟，母亲知道却没有说什么；第二天贪玩的小毅还是晚了十几分钟，这次他感到很自责，于是一进门就开始对妈妈解释："妈妈，我在踢球的时候才忽然想到要回家陪外婆，所以我赶紧回来了，可还是晚了十分钟，对不起。"这次，母亲有点生气了，因为马上要动身去上班，所以她很烦躁地说："孩子，你太不守信用了，说好的时间你忘了吗？下次再这样就别去踢球了。"

小毅站在原地，很难受，心想：我都已经赶回来了，也道歉了，怎么还是要骂我？

其实，要想让小毅按时回家有很多更好的方法，并非只有"下次再这样就别去踢球了"这样恐吓的惩罚。如果这位母亲真的以剥夺孩子最喜欢的运动为条件来强制孩子，肯定会引起孩子的不满，甚至是逆反情绪，最后孩子不但不会放弃踢球，还会和母亲对着干，故意不按时回家。因为他没有意识到自己的错误，或者已经意识到了，但他认为比起自己的错误，母亲更有错。

孩子犯错是再正常不过的事情，只要不是非常严重的，就完全可以通过引导的方式来达到教育的目的。下面是几点建议。

（1）尝试转移孩子的注意力。对于不听话的孩子，家长往往很头疼，不知道该怎么样才能让孩子停止一些不当的行为。事实上，如果直接说不管用，不如暂时缓一缓，要求孩子去做一些别的事情，比如帮忙清理地面，帮忙收回晾晒在外面的衣服等。

（2）在不攻击孩子人格的前提下，表达不满的立场。如果孩子的自觉性比较好，那么家长只要明确表达出自己的反对立场即可，让孩子知道自己确实不该这样。家长要控制好情绪，不要责备孩子“不守信用”“不守时”“捣蛋鬼”等，更不要使用一些贬低孩子人格的词语，比如“没出息”“没长心眼”等。针对上述例子中的情况，因为孩子已经认错，所以母亲只要稍稍表达一下自己的不满和期望就够了，没有必要再去骂他“不守信用”，更没有必要再去惩罚孩子。

（3）表达期望。德国教育学家第斯多惠认为，教育的艺术不在传授本领本身，而是在于激励、唤醒和鼓舞。如果家长能够经常表达期望，会更容易刺激孩子的上进心，使他们做得更棒、更出色。

家长表达对孩子的期望不仅是在描述自己心目中孩子的最佳形象，也是在鼓励孩子做得更好，比如，“我希望你早点回家陪外婆，是因为她需要与人交谈，你对她来说很重要”“我希望你再努力一点，这样就可以学到更多的知识了”“我觉得你起床后将被子叠整齐是一件很值得赞赏的事情”。

（4）提供选择。当你需要孩子去做一件他们可能会不太愿意做的事情时，使用选择的方式会更容易被孩子接受。比如“你是想让老师明天在课堂上点名批评你，还是愿意他夸奖你呢？”孩子当然不愿意被批评，所以，你可以接着说：“如果不想被批评，就把作业写完，然后你就可以去做自己喜欢的事情了。怎么样？”

（5）提出弥补的方法。家长在指出孩子的错误时，最好也一起指出弥补的措施，让孩子知道自己错在哪里，又要如何去负责任，这样他们才会记得牢并吸取教训。比如，“地板上有一大块水渍，我现在想知道有谁可以来清理一下”“你这几天总是不能按照约定的时间回家，所以我们去买衣服的计划就要推后了”，家长态度明确地指出孩子犯错后该如何去弥补，孩子才会知道做了错事之后要付出代价。明白了这个道理之后，他们才能尽力把事情做好，避免犯错，改正错误也会比较积极。

第四节　屡教不改，需讲究教育策略

一、孩子屡教不改的常见心理

在日常生活中，家长总是要为自己的孩子操心，但却经常出现这样的情况：家长往往苦口婆心地劝阻孩子，或者在孩子犯错的时候采用各种方法来让他们意识到自己的错误，而孩子当时是接受了并且有一段时间没有再犯类似的错误，可不久之后，孩子的老毛病又犯了。这次家长不管用什么方法都不管用了，除非采用粗鲁的方式，孩子才会有所收敛。最后，孩子虽然“听话”了，但往往双方都不愉快。

孩子屡教不改，家长到底要怎么办才好？

孩子屡教不改的背后一定存在一些家长未曾意识到的原因，这还需要家长站在孩子的角度上去分析。

首先，孩子不能按照原定的计划背书、练琴等。孩子总归是孩子，成人或许难以理解为何他们会对动画片如此着迷，对动漫那么热衷，对玩具那样专注……当孩子正沉浸在自己的快乐世界中时，家长如果强行将其拉去背书或练琴，不仅很扫兴，还很难让孩子快速地将心思收回,放在面前的作业本或乐谱上，甚至孩子还会故意搞一些破坏来表示反抗。

因此，当孩子正在做他们自己的事情时，千万不要急着要求他们转移注意力，最好是将原计划的时间稍做调整，或者提前提醒孩子做作业的时间马上就要到了，等到他们兴奋的情绪慢慢平静下来之后，再去做作业或练琴。

其次，家长不断强调、不断叮嘱，孩子却“充耳不闻”。家长对孩子的关怀永远都是无微不至的，但很少有家长考虑到孩子是否真的需要这样的关怀。当家长絮絮叨叨的话语整日萦绕在孩子的耳畔时，孩子往往会变得“充耳不闻”。比如，“走路当心”“吃饭小心噎着”“喝水别呛着”……一连串类似的嘱咐语，再加上一大堆“不要这样，不要那样”的叮嘱，孩子听多了自然要不耐烦。

当然，孩子“充耳不闻”确实有错，但家长自己也要好好想想，是否应该允许孩子“摔倒”，因为不经历“摔倒”，孩子很难学会正确“走路”。因此，家长过分干预势必会引发孩子的逆反心理。

最后，“充耳不闻”其实也是孩子一种无声的反抗。家长要求孩子起床后一定要将被子折好，把东西放整齐，但他们却总是一掀被子就下床了，接着就完全不再理会被子的事了，东西也丢得到处都是。于是，家长会认为孩子很懒，不听话，无论交代多少遍，孩子就是难以养成习惯。

没办法，家长把脸一沉，发起火来，孩子这才乖乖地收拾，可心里还是不情愿。遇到这样的情况，家长就应该意识到，孩子对你交代的内容“充耳不闻”是在向你反抗，此时家长就要考虑改变教育的方式。

二、解决问题的有效方式

1. 怎样才能不唠叨

家长唠叨得太多，孩子就会反感，进而变得“充耳不闻”，甚至让家长怀疑孩子是否长着耳朵。因此，要想从根本上解决问题，让孩子“听话”一点，家长就要从自身出发，在正确表达关爱的前提下，改掉“爱唠叨”的习惯。

家长要简单明确地描述。将你所看到的问题用简单明确的语句描述出来，比如“沙发上有果皮”“动画片的声音太大了”等。这样说出来之后，既避免了自己的长篇大论，同时孩子也很快知道该怎么做了。但切忌在这些句子的前面加上“你”字，因为这会使孩子感觉家长是在指责、埋怨，很容易让孩子产生抵触的情绪。

家长可以把想说的话用笔写在纸条上，传达给孩子。有时候太多的语言往往难以表达一个明确的意思，家长可以采用手写的方式，在一张小纸条上写下自己的意愿或期望。

有一个五岁的小男孩，他喜欢和父亲待在一起，甚至在睡觉的时候也要到父亲的房间里去。这让父亲很苦恼，最后他调整了心情，询问儿子：“儿子，要怎么样你才能不随便进我的房间呢？要知道，我们都需要休息。”小男孩很机灵，他说：“你给我写纸条吧，然后贴在门上。”这位父亲按照儿子的要求做了，小男孩觉得很满足，他喜欢收到爸爸的小纸条。

于是，他只要收到爸爸“请勿入内”的纸条，就会很乖地待在自己的房间。也许有些孩子并不完全认识字条上的字，但对收到纸条本身就非常欢喜了，也会很郑重地对待纸条上的内容；而年长一点的孩子会为家长花时间给他们写纸条而感动。这样一来，家长既避免了浪费口舌，孩子也更乐意接受。

2. 面对屡教不改的孩子，家长应该如何做

屡教不改的孩子需要家长有足够的耐心去宽容他们，并尽力找到解决问题的有效办法。当然，在采用以下方法教育孩子之前，最好弄清楚自己是否还在生气，家长尽量不要在生气的时候来做下面的事情；另外，还要看看你的孩子是否情绪也不错。当这两个条件都符合之后，再来操作下面的几个步骤。

第一步，可以尝试着和孩子交谈，引导他们谈论自己的内心感受与需求。比如，孩子没有按照家长规定好的时间回家，家长可以这样说：

“我觉得当你在外面玩得正开心的时候，我如果叫你回家，肯定很扫兴吧？”

“是啊，确实很扫兴。”

“但你说好最晚六点到家的，太晚我会担心的。”

“你没有必要为我担心。”

“让我不担心是不可能的事儿，所以我们今天最好找到一个两全其美的办法。”

“好啊！”

第二步，当孩子完全配合这次交谈时，家长找来一张纸和两支笔，你们一起在纸上写下各自的意见，注意要采用不附加任何评价色彩的意见。比如：

“如果没有其他的事情，就按时回家。”

“如果我回来晚了一些，请不要担心我。”

“晚饭推迟半个小时，回家一起吃饭。”

“给我留晚饭。”

“提前告诉我。”

……

第三步，当你们把各自的想法和意见都写下来之后，坐在一起讨论哪些是可以共同接受的，哪些是不能接受的。

第四步，统一意见，达成一致，跟踪执行。

需要注意的是，在第一步中，家长一定要本着交流和沟通的目的和孩子谈话，注意倾听，避开那些武断的评价或说教。只有当孩子感受到了你发自内心的理解和在乎时，才愿意和你进一步沟通，进而说出自己真正的想法并考虑你的意见。而当家长在叙述自己的感受时，千万不要一味地强调“担忧”，最好简短、清晰。

亲子双方在一起探讨共同被接受的意见时，家长应避免使用“这个主意不好”“这个想法太愚蠢了”之类的评价语句，这会使你之前的努力全部前功尽弃。家长要接受所有的想法，然后再与孩子一起商讨。

心理学家认为，家长告诉孩子“你可以把你所有的想法都写下来”，这其实是对孩子的一种尊重，而“写”本身已经不是特别重要的一件事了。当孩子感受到被尊重时，他也会乐意接受和尊重家长的某些决定。

最后就是跟踪执行了，家长要将最终定下来的计划重新抄写一份，然后念给孩子听：“完成这些项目我们都需要做些什么呢？”“这个任务的监督执行就交给你了，怎么样？”“如果有人违规了，是不是应该接受批评或惩罚？”不要担心这个方法会不会立即有效果，不宜操之过急。

下面是使用该方法成功让孩子“听话”的例子。

小恩和小贝是一对很可爱的双胞胎姐弟，五岁，现在在幼儿园读书。周末的一天，小恩和小贝待在家里，母亲去附近的超市买食品，临走之前她明确地说：“老实地待在家里，别试图跑出去，我去外面很快就回来，家中最好保持整洁。”

大约一个半小时之后，母亲回来了，但客厅已经乱作一团了，沙发上有一块被杧果汁弄湿的地方，并且地面和桌子上到处都是杧果核和杧果皮。她生气极了，于是大声喝道：“这是谁干的？”小恩和小贝都互相指着对方：“是姐姐干的，不关我的事。”“胡说，明明就是你！”

她知道，其中肯定有一个人在撒谎，或者两个人都撒谎了，这些有可能是两人共同的“杰作”。但她又想，在被孩子气到的时候，或许表达愤怒要比找出“真凶”更加有效。于是，她说：“不管是谁干的，这都是我非常讨厌的行为，我只关心，现在谁来帮我一起清理这些杧果核和杧果皮。”

由于这样的现象已经发生了不止一次，她决定做些什么来制止这类行为。

“小恩，小贝，我知道你们爱吃杧果，因为杧果很美味，但是吃完果实之后，我希望你们不要胡乱扔杧果核和杧果皮，因为这实在不卫生。”

“可我们都习惯了，这样吃东西很舒服。”

“或许我们会有更好的办法来解决这个问题，愿意和我一起来讨论一下吗？”

“好啊。”

“现在给你们每人一张纸，在上面写出或画图表示所有自己认为最好的办法。”

小恩和小贝接过纸，开始在上面涂写起来。

“准备垃圾桶。”（小恩）

“红色的垃圾桶，怎么样？”（小贝）

“最好大一点。”（小恩）

“还要贴上我最喜欢的蓝精灵图案的贴纸。”（小贝）

“能不能给我买点橘子回来吃？我们保证不乱扔橘子皮。”（小恩）

……

经过一番讨论之后，母亲与孩子达成了共识，即在客厅准备一个更大一点的红色垃圾桶，并将买来的小贝喜欢的蓝精灵图案的贴纸贴了上去。她还给孩子们买了橘子，但她的要求是

“要把果皮扔在垃圾桶里，不许在沙发上吃东西，吃完之后洗手”。小恩和小贝欢快地答应，同时也做到了。

在这个例子中，家长首先不是惩罚和指责孩子，也并不执意于找到真相，这就顺利地将孩子的注意力集中到了承担事情责任上。后来，为了避免这类状况再次发生，上述例子中的母亲决定和孩子们谈谈，目标就是解决这个难题。

如果家长和孩子制订的计划在执行一段时间之后失去了效果，几乎难以贯彻下去，这时家长可以选择再与孩子重新进行一次谈话，然后再制订一个新的计划。那为什么起初的计划会失败呢？因为没有一劳永逸的方法，尤其是随着孩子年龄的增长，其需求也会随之变化，因此，家长要注意及时调整计划。

第四章

独立教育——独立是成长的第一步

我们培养孩子的一个重要的目标，就是要帮助我们的孩子成功地成为一个独立的个体。然而，时下却有不少家长“爱子心切”，舍不得放开孩子的手，更不愿意让孩子亲身体验生活。结果，等到孩子什么都不会做的时候，家长又开始着急起来。其实，孩子的独立性应该尽早培养。那么，在家庭教育中，家长应该如何培养孩子的独立性呢？

第一节　引导孩子独立思考

随着时间的流逝，孩子在逐渐长大，不可能永远都在家长的羽翼下生活，这是家长应该认识到的自然规律。然而，时下却有很多家长希望孩子在“温室”里成长，他们为孩子遮风挡雨，习惯事事介入，甚至出现了“包办”的现象。

培养孩子的独立性至关重要，在家长温暖的羽翼下长大的孩子容易出现两种极端：一是成年后喜欢处处与人争辩，不能就事论事、客观地处理人际关系；二是摆脱不了依赖性，他们对权威的依赖性甚至超出了个人的成就感，缺乏承担责任的勇气。前者是令人讨厌的“杠头”，后者则是典型的懦弱者。

孩子需要从小培养独立性，家长应先培养其独立思考的能力。不管孩子的想法多么千奇百怪，都需要家长给出正确的指引，这关系到孩子今后价值观的形成。在我们时下的教育制度中，家长希望孩子听话，永远服从管教，而老师则希望学生永远“回答正确”，孩子受到不少思考的限制，失去了思考的自由，当然也就无法“独立思考”了。

在一次亲子活动中，一群孩子在地上玩沙土。有个孩子用小铲子将沙土往漏斗里灌，漏斗下面有洞，沙子永远都装不满。孩子发现了这一点，所以他用大拇指将下面的漏洞堵住了，不一会儿，沙子就多了起来，然后他将漏斗挪向瓶子，对准瓶口，松开大拇指，沙土漏进了瓶子中。虽然他费了很大的劲才将瓶子灌满，但经过努力和思考得到的成功让他非常有成就感。在这整个过程中，他的母亲都在一边看着他，等到孩子成功了，她才开心地鼓掌，为孩子庆贺。

而在另一边，一位母亲带着儿子，当儿子将沙土倒进漏斗，接着又从漏斗中漏下去时，她急忙蹲下来告诉他："这样不对，儿子。来，妈妈教你。"于是，她从儿子的手中接过漏斗和铲子，将漏斗对准瓶口，沙土很快就装满了瓶子。

家长对孩子的过度关心，是孩子养成独立思考能力的一大障碍。有句古诗说得好："纸上得来终觉浅，绝知此事要躬行。"孩子在经历各种问题时进行的探索、尝试和在错误中积累的经验、获得的成长，是家长给予不了的。

孩子具有独立思考能力，不但有助于学习，还可以为今后的发明创造打下坚实的基础，这是孩子走向成功的关键性前提。牛顿与万有引力的故事告诉我们，提出问题有时候要比解决问题更重要，即思考的过程要重于结果。

牛顿小的时候，曾做过这样一个游戏：他将一小桶牛奶系在一根绳子上面，并紧紧抓住绳子的另外一头，然后使劲地抡起小桶，速度越快牛奶就越是一点儿都不会洒出来，但只要放慢了速度，牛奶马上就洒了出来。这个小游戏一直困扰着牛顿，善于思考的他不明所以，即使常常思考，也始终没有得出结论。

长大之后，牛顿一直从事科学研究，脑海中整天思考着无数科学问题。有一天傍晚，牛顿来到花园的苹果树下，忙了一天，他感到很累，而苹果的清香令他顿时有了一丝生气。夕阳透过繁盛的枝叶洒落在苹果上、自己的身上和地面上，仿佛一切都被赋予了阳光的颜色和温暖，煞是好看。可此时牛顿却无心欣赏美景，依旧沉浸在无边无际的思索之中。

眼看太阳就要下山了，牛顿抬头看天，又回过头来看那已被晚霞映红的苹果。此时，有一个苹果刚好从树上掉落，砸在了他的脑袋上，然后又掉在地上。“苹果为什么要掉下来？”“为什么苹果不飞向其他的方向？”“为什么苹果偏偏就掉在了地上呢？”“所有物体都有重量，难道它们都能由高处掉在地上吗？”

于是，牛顿思考着，脑海中浮现出苹果旋转的画面，一圈又一圈，越转越快。忽然，他灵光一闪，抑制不住内心的兴奋说：“苹果之所以掉在地面上，是因为地球的吸引力，而这种吸引力也会让月球向地球下落！”

也就是说，行星围绕着太阳运转，其实是因为受到了太阳引力的作用。宇宙中的一切物体都有重量，在它们之间都存在相互吸引的力量。

“但是……”牛顿继续思考，“苹果因为引力坠落在地上，而月亮为什么就不会像苹果那样落在地上呢？行星为什么也不会落在太阳上呢？”思考了很久，牛顿忽然想起了儿时的那个游戏。牛奶会因为快速运动而不洒出一星半点来，这是有一种向内拉引的力量和一种向外挣脱的力量相互对抗而又相互平衡的结果，这种向外挣脱的力量其实是因物体横向运动的速度而产生的。就这样，牛顿在思考中推想、举一反三，由“苹果落地”这一自然现象展开思考，最终发现了著名的“万有引力”定律。

爱因斯坦曾说：“学会独立思考和独立判断比获得知识更重要。”成功者大多具有独立思考的能力。那么，家长要如何培养孩子独立思考的能力呢？

小敏喜欢写作业的时候有人陪着，因为这样她就有商量和请教的对象了。这天，她按照惯例在房间里写作业，妈妈在隔壁。“妈妈，快过来，这道题怎么算？”母亲走进来，拿起小敏的题目看了看，然后直接告诉她解答的方法。小敏很快做完了题，到同学家玩去了。

其实，在学校小敏也很喜欢问别人“这道题该怎么做？”或“这个病句该怎么修改？”被问的同学都会告诉她答案。小敏“好问”是出了名的，但是，问题也很快显现出来了，因为一到考试，小敏就傻眼了，好多题目都让她有似曾相识的感觉，可她就是不知道该怎么做。母亲也发现，小敏很多次问她的题的做法都与之前的差不多，但小敏还是不知道该如何解答。

这天，小敏背着书包表情严肃地回来了。她照旧回房间准备写作业，但细心的母亲已经看出了她有不开心的事儿，刚好自己也想和小敏好好谈谈，所以，她走进房间询问小敏怎么回事。

没想到，小敏很自觉地拿出数学考卷递给妈妈，上面有一个很显眼的红色分数——“39”。“老师说要你在上面签字。”小敏说。妈妈知道怎么回事了，放下试卷，说道：“小敏，你很诚实，这一点很棒。其实我今天也想和你聊聊。你看，很多题目咱们都是一起做的，我直接告诉了你答案，这是我的错。但从今天开始，我不帮你想答案了，你要自己想，好不好？”

“我知道了，妈妈。这次分数这么低，你要骂我就骂吧。以后我一定自己做题。”

家长为孩子“指路”未尝不可，但要看用什么样的方式以及指的是什么“路”。不管是在学习上，还是在生活中，直接告诉孩子答案的方式都是不妥的，因为这是在剥夺孩子独立思考的机会。当孩子养成这样的习惯之后，他们就懒得去琢磨问题的解决方法了，而只关注答案，不懂得什么是思考，失去了创新的意识。

往小的方面看，孩子可能因此在学习上或考试中难以独立完成任务，不会思考和分析，找不到答案，影响升学成绩；往大的方面看，孩子很容易形成强烈的依赖心理，凡事没有主见，人云亦云，一生都难有大的作为。

下面是给家长的几点建议。

（1）家长可以主动提出一些问题来，和孩子一起讨论。

美国著名的物理学家理查德·菲利普斯·费曼曾获得1965年诺贝尔物理学奖。他之所以有这样傲人的成就，其实与小时候父亲对他进行的教育是分不开的。

他的父亲很善于引导孩子独立思考。有一次，父亲装扮成外星人并问了费曼很多有关地球的问题，比如“为什么有白天和黑夜之分”“为什么会有气候与天气变化的存在”等。这样的提问方式，费曼不仅特别感兴趣，还从中学到了许多有用的知识，更学会了如何去思考问题。

还有一次，父亲带费曼去博物馆。在博物馆里，父亲采用了类似的提问方式引起费曼的兴趣，然后父亲要求费曼自己去查阅相关书籍，之后再对他进行提问。如果费曼还是不能理解，父亲会用孩子可以接受的语言进行讲解。

就这样，在父亲的提问教育中，费曼学习的兴趣和热情被充分激发，并且对百科全书上的科学和数学产生了极大兴趣。费曼在24岁的时候，获得了博士学位；28岁的时候在美国康奈尔大学担任教授；47岁的时候获得了诺贝尔物理学奖。

问题是思考的起点，只有当孩子有问题时，他们才能迸发思考的火花。家长可以引导孩子提出问题，也可以主动提出一些问题，与孩子一起讨论，启发他们独立思考。如果孩子向家长提出了问题，家长不要急着告诉他们答案，可以耐心地解释和引导孩子。

经常向孩子提出问题，会让孩子的大脑时常处在活跃的思考状态，这可以激发孩子的兴趣，培养其独立思考的能力。当然，在孩子思考的过程中，家长也可以提出一些开放性的问题，答案不要求固定和唯一，这有助于孩子发散思维的养成。

（2）千万不要急着告诉孩子问题的正确答案，而要把寻找答案的过程留给孩子。在家长眼里，孩子不管多大，都是他们眼中的小孩子，当孩子遇到难题时，家长总是希望自己能够出一分力。家长的这种心情很好理解，但如果将眼光放得长远一点，留一些困难给孩子，也未必不是好事。

聪明的家长会教给孩子解答问题的方法，并将寻找答案的过程留给孩子，让他们在寻找答案的过程中学会独立思考。比如，家长发现家里的电冰箱忽然失灵了，可以启发孩子去寻找问题所在，当孩子发现是因为插头松动导致时，家长要及时给予赞赏，“我正想找修理工来家里检查，你就发现是电源问题，你是怎么想到的？”孩子在发现问题的过程中积累了一定的经验，也获得了成就感，更逐渐养成了独立思考的意识。

当然，在孩子一时之间难以找到答案时，家长也不要着急，可以采用示范的方式，通过查阅资料和反复思索等方法，引导孩子学习思考或尝试思考，以养成习惯。

（3）用讲故事的形式来启发孩子独立思考。

顾先生从儿子顾思阳三岁的时候起就开始给他讲故事，寓言、真人真事都有。每次在讲故事时，顾先生都会仔细叙述开头和中间的高潮部分，而到了故事结尾的时候，顾先生却总是“卖关子”，想让儿子从已经听到的内容中去想象故事的结局。有时候顾先生会问儿子：“你是怎么想到这个结局的？”他甚至还会鼓励儿子说出不同版本的结尾，然后才会说出故事的真正结尾。他希望通过这些故事和方法引导孩子学会独立思考。

对孩子来说，拥有独立思考的能力很重要。一个会独立思考、会动脑筋的人会在关键时刻懂得如何抓住机遇。除了讲故事，家长还可以和孩子一起做游戏。小一点的孩子一般都比较喜欢玩游戏,家长可以和孩子一起玩并在游戏中注入智力因素，让孩子在玩乐中学习动脑，促进其思维发展。这样孩子便不会产生厌烦心理，并养成独立思考的习惯。

（4）保护孩子的好奇心，接受孩子的新奇想法。

有这样一则小故事。江面上有一座横跨东西方向的大桥，要想通过这座桥需要五分钟；大桥的中间有个凉亭，每隔三分钟就会从亭子里面走出来一个看守员，一旦发现有人过桥便会加以阻止。

有一个聪明的年轻人想到了一个过桥的好办法：他由东向西走，走了两分半钟后就转身往回走。看守员出来时会阻止他继续前进，于是他再转过身来继续向西前进，这样就成功地过了桥。

在这则小故事里，如果年轻人按照常规思维来处理该问题，肯定是过不了河的。所以，家长应该允许你的孩子有一些不符合常规的，甚至是有点“稀奇古怪”的想法，那是他们思维能力的体现；家长也要经常鼓励孩子多角度地考虑问题，给他们独立思考的机会和空间。

每个孩子都是带着好奇心来到这个世界上的，正是因为有好奇心，孩子才会经常发问，喜欢探索，但不少孩子却因为好奇心太强而遭到家长的指责和打骂。事实上，有好奇心的孩子往往都是善于思考的孩子，他们就是因为脑袋里有太多的“为什么”“怎么回事”，才会想要“一探究竟”。

所以，家长要用正确的方式去引导孩子，比如给他们讲一些发明家的故事，传授给他们一些基本常识等。当孩子遇到难题时，家长要引导孩子多角度思考问题，拓宽思维，并教会孩子用合理的分析、整理、归纳、设想等新颖的方式去解决问题，而不是粗暴地对孩子加以干涉。

（5）鼓励孩子发表自己的观点。

闹闹从小就生活在一个非常民主的家庭里，母亲是中学教师，父亲是大学教授。在父母给他营造的和谐、民主的家庭环境中，闹闹活泼开朗，懂得适可而止，很有自己的主见。

在学校里，老师都夸闹闹聪明，思维活跃，敢于发言，而这其实都离不开父母对他的鼓励。他们允许闹闹有自己的想法和意见，并鼓励他大胆地说出来。想法好、有道理，他们会表扬闹闹；即使没有道理，甚至是错误的，父母也不会立刻批评他，而是在他说完之后予以适当的指导。所以，闹闹始终很自信，他善于独立思考，对父母的意见不会盲从，但也不会过激地反抗。

在压抑环境中长大的孩子很难有自己的想法，即使有也不会轻易表达出来。孩子的思维受到家长的左右，容易盲从，难以养成独立思考的习惯。大多数孩子不敢在家长面前表现自己，不敢在他们面前大胆表达自己的意见，多半是担心说得不恰当，遭到责备，也有一些孩子可能因想法长期遭到压抑而做出一些冲动的行为。可见，家长不应抑制孩子的想法，而要鼓励他们发表自己的见解。当他们对自己的问题和表述方式能进行缜密的思考时，其实也就是独立思考能力形成的重要表现。

第二节　不要过度保护你的孩子

某大学曾经发生了一件令人大跌眼镜的事情。一位品学兼优、成绩出类拔萃、即将毕业的物理系高才生被学校确定为去美国名牌大学继续深造的唯一人选，但得知该消息时大学生却一口回绝了。学校以为是家境问题，承诺可以公费，但该生表示，拒绝的原因是自己离不开母亲。为什么？都是大学生了，为何还离不开母亲？原来，该生不会洗衣服，不会自己做饭，不会购物也不懂得如何与人交往，大学四年都是母亲定期来收衣服带回去洗，然后再一起送过来。

显而易见，这位大学生是在家长的羽翼下长大的，从小就待在“蜜罐”里，从来不知道“苦”为何味。

在被家长呵护、大事小事一切包办的环境下成长的大学生，长大的或许只是他的外表，而他的内心却始终像个孩子一样依赖着家长。家长过分保护孩子，不舍得让他们受到一点伤害，不忍心让他们做一点家务，这看似关爱的外表下，实则隐藏着危机，会严重干扰孩子的身心正常发展。

乐乐有一对非常爱他的父母，因为是父亲的“老来子”，所以乐乐成了家里的“小皇帝”，一直被捧在手心上。母亲更是包揽了乐乐的一切事务，包括他上学时该穿什么颜色和款式的衣服，在学校交什么样的朋友等。

在乐乐三岁的时候，他们会对乐乐说："别趴在地上，太脏了！""别和说话不文明的孩子说话，你会学坏的。""你需要休息，你累了！""现在该上厕所了，宝贝。"

在乐乐读小学的时候，他们会说："红色不适合你。""这道题自己会做吗？需要我帮你吗？""可乐瓶盖交给我来拧。"

在乐乐上高中的时候，他们这样说："不用那么努力地学习，你都瘦了！""如果女孩子要和你说话，最好赶紧走开，我不希望你在学校谈恋爱。"

在乐乐感冒时，他们没日没夜地照料；在乐乐老师要求家长去学校一趟时，他们紧张得不得了，常常小题大做……

最后，乐乐在高考的前一个月因为打断了另外一名同学的胳膊，导致对方住院而被学校除名。问起乐乐打架的原因，他这样说："同学们都不喜欢我，说我性格怪异，还故意冷落我。我一时冲动就和他动手了，他越激我，我就越气愤……我真不是有意的。"

在家长过分保护的环境下长大的孩子，一般会出现以下几个方面的问题。

（1）独立生活的能力差，不会自己处理家务，动作笨拙，举止幼稚，难以料理个人生活。

（2）较难社会化，无法与人和平相处，人际交往能力差，不会处理人情世故问题。

（3）个性羞怯，甚至自卑，优柔寡断。

（4）容易出现负面情绪，陷入焦虑和抑郁的情绪中难以自拔。

（5）缺乏责任心和道德感，如果严重还会出现较重的报复心理，甚至会有盲目的攻击倾向。

由此可见，家长不应该为满足自己爱的欲望，用爱来妨碍孩子获得独立。案例中的乐乐正是由于家长的过度保护，而失去了发展“合群性”的机会。他变得性格孤僻，不知道如何与人相处，不懂得如何处理人际关系，更不懂得克制负面情绪。

事实上，在家中充当“小皇帝”“小公主”的孩子，在学校里是得不到相等待遇的。由于不能适应环境，他们要么变得沉默寡言、内向、软弱怕事，要么爱钻牛角尖，追求完美。

虽然家长对孩子的过度保护是因为爱，但是这样的爱很容易使孩子陷入过度依赖的境地。因为对家长的过度依赖，孩子会受不了出远门，无法独自生活，也不能独立解决问题。这种种“依赖行为”其实都是源自孩子内心强烈的依赖心理。

当一个人发现自己处在依赖他人的状态中时，他除了怀有感激之情，更多的是能体会到挫败感。他会认为自己没有能力，没有价值，有时还会带有怨恨和愤怒的情绪。家长如果了解了这一点，想必会进退两难，因为孩子没有社会阅历，所以很多事情都需要家长的指引，但家长又担心自己对孩子的关怀和保护容易引起孩子的逆反心理，还会给孩子的健康成长造成隐患。

第三节　有一种爱叫“放手”

有些家长抱怨孩子越来越难管，越来越不听话。事实上，孩子的不听话有时候是要求独立的表现。独立自主是健康人格的重要组成部分，它影响人的生活、学习、工作以及婚姻家庭的美满等。对孩子而言，独立是成长的需求，是生活和学习质量的重要影响因素，更关系到今后的事业与人生发展。

当孩子对家长过度依赖时，他们会渐渐失去要求独立的意识。孩子对家长的依赖并非与生俱来，如果家长对孩子的事情不是事事插手、样样都管，孩子没有了依靠的对象，便会自己动起手来。这就好比家长给孩子喂饭，孩子若由之前的顺从变得抵制，就会将头扭到一边，伸手去抢家长手里的勺子或筷子，虽然这个简单的动作看起来没有什么，但实际上却是孩子要求独立的信号。

如果家长对该动作毫不理会，那么孩子也就失去了想自己吃饭的兴趣了。聪明的家长会准备好摔不碎的碗，适合孩子使用的勺子，还有比较安全的座椅，每当吃饭的时候，他们就将孩子放在座椅上，并在孩子面前摆上已经准备好的饭菜，然后看着孩子自己一点点地将饭菜送进嘴里。

著名教育学家陈鹤琴先生认为，只要是孩子想要自己去做的，就应该放手让他们自己去做；只要是孩子能够自己想到的，就应该让他们自己去想。因而，家长要适当地放手，孩子的潜力自然会被慢慢发掘，他们甚至会做出许多令家长感到欣慰和惊喜的事情。

但是，家长的放手并不是直接撒手不管，也不是放弃对孩子的管教。另外，家长在转变对孩子的教育方式时，不宜幅度过大，从一个极端跳向另一个极端。要考虑孩子的心理承受能力，循序渐进。

十二岁的浩浩一直在家中过着“饭来张口，衣来伸手”的生活，父母视其为“小皇帝”，几乎到了唯命是从的地步。加上爷爷、奶奶疼爱孙子，所以在家里，“小皇帝”即使是要摘天上的月亮，家里人也毫不含糊。但随着浩浩年龄的增长，父母发现浩浩对他们的依赖越来越强烈，过马路一定要牵着妈妈的手，去参加学校组织的郊游，他也要求带妈妈一起去。夫妻俩意识到再这样下去，浩浩连生活自理都会成为问题。

后来，在家人的共同商议和一致同意下，浩浩的生活一下子由之前的“小皇帝”变成了“小乞丐”。父母对浩浩的所有要求都一律否决，他想要买一把冲锋枪，父母不许；他想要吃甜品，父母也不许；他想要买卡通玩具，父母还是不许。有一次，浩浩急了，他趴在爸爸的身上并伸手要去掏钱，没想到却被父亲打了一巴掌。浩浩深感委屈，以前那么宠着他的父母现在却变得严厉无比，连一些正当的要求都不满足他。除了委屈，浩浩的心里还有不解和愤怒。终于有一天，他趁着父母不在家，悄悄走进他们的房间，将放在抽屉里的50元钱拿走了。

拿到钱之后，浩浩第一时间就去蛋糕店买了两盒蛋糕，吃完后又去玩具店买卡通玩具，但因为钱不够，浩浩只好回家了。消停了两天，父母没有发现浩浩偷钱的事情，还以为儿子是得到了教训，变乖了，却没想到浩浩已经开始第二次“偷钱”了，而这一次浩浩拿走了一张百元大钞。接着，他还拿走了妈妈藏在床垫下面的存折。

纸终究是包不住火的。浩浩的事被发现之后，思想保守的爷爷也觉得“这孩子该教训”。就这样，浩浩遭到了一顿暴打。从这之后，浩浩变得沉默寡言了，他不再向父母提要求，更不去亲近他们了，还经常在外面溜达，不回家吃饭。

有一次，浩浩碰到了一群社会上的“好人”。他们看浩浩捂着肚子，就买来一盒蛋糕给他吃，还诱骗他去抢路人的钱包。第一次去抢包的时候，对方是一个二十来岁的女孩，由于发现及时，浩浩并未得手。这个女孩看浩浩还小，就劝他赶紧回家去，别做错事。后来两次，对方也是觉得他小，不想计较，可浩浩却不知道悔改，直到有一天被巡视的警察发现并将他带进了收容所。

让浩浩变成这样其实是一个家庭教育的悲剧，家长不该由一个溺爱的极端走向另一个严厉的极端。备受压抑的浩浩心里充满怨恨，加上年龄尚小，经不起诱惑，走上了一条错路。那么这个责任究竟该由谁来负呢？当然是家长。过分溺爱和过分严厉，对孩子来说都是不可接受的，所以，家长必须把握好尺度，适当放手。天下的家长都是爱孩子的，只要掌握一些技巧和方法，相信家长的适当放手会让孩子变得更加健康和独立。

那么，家长对孩子的适当放手有哪些值得推荐的方法呢？家长需要注意什么？

（1）让孩子“自己来”。如今的孩子多半是独生子女，即便不是独生，生活条件也坏不到哪儿去，在物质方面他们是比较富裕的一代，家长也对孩子疼爱有加，事事都要替孩子做。这表面上是在爱孩子，其实却是在剥夺他们自己动手的机会和责任，这样一来孩子会渐渐养成不好的行为习惯。

所以，家长应该多给孩子自己动手的机会，尊重他们想要“自己来”的意愿，孩子自己能办到的事情，就让他们自己尝试，这是孩子学会成长和独立的第一步。这样不仅给了孩子自由发展的空间，还可以让他们从小就得到锻炼。智慧型的家长会在孩子学习走路跌倒时，停顿几秒钟，让孩子自己学习站起来；如果真的站不起来，才过去扶起孩子，而不是看孩子跌倒了就立刻上前扶。

亲子提示：询问你的孩子“是需要可乐还是柠檬汁？”而不是说“我为你准备了一杯柠檬汁”；询问你的孩子“你是打算现在就去睡觉，还是在沙发上再玩一会儿？”而不是说“你现在必须去睡觉了”；询问你的孩子“你希望有一件蓝色的上衣，还是白色的？或者你更喜欢哪种颜色的？”而不是“我觉得蓝色不适合你，白色比较好”；询问你的孩子“你是打算临考试前彻夜背书，还是提前做好准备，轻松上阵？”

这些看似没有必要，甚至被有些家长认为烦琐的问题，其实是在给孩子掌控他们自己生活的机会和权利。由孩子自己做出的决定通常都不会给他们带来沮丧和不自由的感觉，而且还能锻炼他们自立的能力。

（2）给孩子多一点自由。有不少家长发现孩子经常撒谎，比如，当他们问孩子：“今天又回来晚了，你去哪里了？”“就是和同学在一起。”孩子明显不想细答。“那你们都干什么了？”家长继续问。“没干什么。”孩子在用自己的方式拒绝回答。甚至有些孩子会采用撒谎的方式，他们会说：“我们一起在教室讨论作业。”可实际上，他们可能是去学校附近的溜冰场了。

可见，孩子撒谎有时候是因为家长接连不断的追问。此外，家长要注意的是，不要总是要求孩子除了上学时间，其余时间都待在家里，这是不科学也不实际的，因为这很容易造成孩子对家庭产生过多的依赖，不宜培养其独立性。

亲子提示：用沉默代替穷追不舍，用倾听代替追问，用理解代替怪罪。当你摒弃了以往轰炸机似的追问之后，孩子会觉得自己拥有了最起码的人身自由，得到尊重的他们会反过来尊重你的关心。当你在孩子想说时选择耐心倾听，孩子也会更加愿意与你交流。

但这并不是要求家长从此不再过问孩子的一切，该管教的还是要管，但要选好恰当的时机以及考虑清楚你的询问将会给孩子带来什么。另外，家长要鼓励孩子独立，要多给他们接触外界社会的机会，多给他们一点自由的空间。比如，不理解的难题可以去图书馆查阅资料,需要学习用品可以去文具店购买，想看电影可以找几个要好的同学一起去看。这些方法其实都是在鼓励孩子学会自立，减少其对家庭和家长的依赖。

（3）适度地给孩子经历挫败的机会。生活不会永远顺风顺水，挫败对每一个人来说都是一笔珍贵的财富，包括你的孩子。但是，当你把一切难做的事情都替孩子做了的时候，其实已经将孩子经历挫折的机会抢走了，孩子不经过努力便拥有了现成的果实，这会加重孩子的依赖感，不利于孩子的成长。

所以,家长可以将一些对孩子来说有些难的事情交给他们，适度地给他们一些经历挫败的机会，在这个过程中，孩子经历的每一个细节都会给他们带来一种真实的教育。这些经历会教会孩子坚持、不放弃、不气馁，并让孩子体验到通过自己的努力而获得成功的喜悦,继而懂得做任何事情都需要努力的道理。但家长在给孩子创造这样的机会时，也要考虑到孩子的接受能力，所谓“适度”，即在家长眼里普遍简单但对孩子来说比较难，甚至是孩子从未尝试过的事情。

亲子提示：家长不要说“试试，很简单”这种话，万一孩子没有做好，他们会想“很简单的事我也做不了”，从而产生自卑感；如果他们做好了，则会因为“很简单”而产生不了足够的自豪感。所以，家长应该说“试试看，这件事看起来没有那么简单”或者“试试看，这可能有点难”，这样，即使孩子失败了，他们也会因为这件事“有点难”而不那么沮丧；如果成功了，他们则会因为这件事“有点难”而产生成就感，这是对他们莫大的鼓励。

此外，家长在引导孩子尝试一件他们从未尝试过的事情时，要避免这样说：“这件事对你来说可能不会那么容易。”这句话可能会让孩子想：什么是对我来说，难道对其他的小伙伴来说就是容易的吗？家长是在无意之间向孩子传达了“你没有足够的能力”的信息。这样一来，孩子即使成功了，也未必有喜悦之感。

当然，让家长眼睁睁地看着孩子陷在困境里确实很难，有些家长甚至做不到。所以，家长不妨给孩子一些建议，比如“你可以把衣服的领子往下拉一点，这样或许更好些”“有时候你可以先喝一点水在嘴里，但不要咽下去，再用牙刷刷牙会更好点”“有时候你可以在拉好拉链之后将拉链头放下来，这样更不容易掉下来”……这样家长既保留了让孩子自己动手的机会，又不会让自己不忍心。

值得注意的是，在句子开头加上“有时候”，主要是考虑到对孩子努力的尊重。因为在家长给出提示后，孩子如果依然失败了，“有时候”会降低孩子的挫败感。而家长在这个过程中也并不是完全不可以帮助孩子，但无论如何，都要讲究一个“适度原则”。家长主要是培养孩子的责任感和独立性，当发觉孩子很累、很需要关怀时，家长的帮助就是爱的最好表现。

（4）当孩子有疑问时，家长不要急着宣布答案。这不仅仅是在孩子做作业时，家长不直接告诉孩子题目的答案，还有在孩子问“为什么……”时，家长也不要急着回答孩子，而要将思考问题的过程留给孩子。当孩子问这些问题时，比如“为什么太阳一定要从西边落下去？”“为什么狗狗不可以发出猫咪的叫声？”“为什么你非要我去上学？”“为什么我不能像蓝精灵一样变成蓝色的？”想必很多家长都难以回答，既然如此，就不要急着回答你的孩子。

亲子提示：孩子在问问题的时候其实自己已经在思考了，所以家长不必急着作答。此时，家长可以反过来询问孩子“我想知道你是怎么想的？”“你想知道是怎么回事吗？”或“那我们先来假设，如果你真的变成了蓝精灵，你会怎么办？”……甚至还可以重复孩子的问题，“那太阳为什么一定要从西边落下去呢？”“为什么狗狗就不可以发出猫咪的叫声？”另外，家长还应该鼓励和赞赏孩子的好问、好思考，例如，“你真的问倒我了，我也不知道是怎么回事，因为这个问题其实已经困扰了好多人”。用这样的方式来引导孩子进一步思考和探索答案。

（5）当孩子向你表达愿望时，不要泼冷水。孩子都是梦想家，他们会对未来的事情充满憧憬和向往，而且也愿意和家长说，比如，“妈妈，我长大了要当科学家”“爸爸，我将来一定要自己买辆车”“老师，我以后想成为一名作家”……孩子的梦想永远都是最纯真的，我们小的时候其实也有过这些梦想，但都随着时间的推移和年龄的增长一变再变，最后或许完全不复存在，因为现实生活中有太多因素会使我们对梦想的实现感到失望。所以，当我们听到自己的孩子这样说时，我们是不是应该多一点尊重和珍惜呢？

亲子提示：

（1）“爸爸，白雪公主的故事太棒了！我将来就要成为白雪公主。”

你应该说：“好啊，你现在已经是白雪公主了，将来也一定会是的。”

不该说：“那是童话故事里的人物，你不可能成为白雪公主的。”

（2）“我想拥有一个游泳池，里面还有一只海豚。”

你应该说：“噢，你希望有一个游泳池，还要有一只海豚在里面。给我说说看。”

不该说：“你现在连游泳都不会，况且建个游泳池可不是一件简单的事儿。”

（3）“妈妈，我长大了要当科学家。”

你应该说：“你想当科学家啊！”（引导孩子谈论自己的梦想。）

不该说：“那太遥远了，你目前还是先把物理学好吧。”

……

总之，当孩子表达了愿望和梦想时，家长应该赞赏和肯定，而不是向他们泼冷水，那样会毁掉孩子的希望。我们有理由相信，一个从小就拥有梦想且大胆、能干又独立的孩子是由他的家长亲手培养出来的，并且当他成人之后，也会感激家长所做的这一切。

第四节　独立的孩子早当家

每逢开学季，大学校园中都有一群新生背着行李，由家长陪着一起到学校报到。但是，在人潮中也有这样一群新生，他们自己提着行李箱，肩上背着旅行包，独自走进校园。这两道风景线给你的感受是什么？

菁菁考取了哈尔滨工程大学，报到的这一天她只身一人来到学校，看着周围很多同学都是由家长陪着的，她的心里很不好受，顿生离家和想家的感伤。出生于湖北武汉的菁菁从小就是一个特别独立的女孩，父母从小就教育她凡事自己动手，读小学时她就开始自己洗头发，大一点的时候就开始尝试自己洗衣服，出门自己搭车、看地图。父母认为，正因为菁菁是一个女孩，所以才更要从小培养她的独立意识，这样她长大后才不会那么容易被困难打倒。

和菁菁一样只身一人来学校报到的是一个叫梁佳的女孩——一个地道的四川妹子。从四川到哈尔滨，梁佳在火车上度过了一段她有生以来最漫长也最兴奋的旅途。她说她一点儿也不害怕，反而觉得很刺激，她很感谢父母给了她这个独自旅行的机会。

梁佳和菁菁在校门口相识，两个南方姑娘决定结伴走进校园，在交谈过程中双方惊喜地发现两人都就读的是工商管理专业，而且还在同一个宿舍。以前都是在电视剧里看到这种巧合的情节，没想到现在却发生在了自己的身上。因此，两个独立的女孩在此时显得分外惺惺相惜。

到了晚上，两人都给家里人报了平安，虽不舍挂电话，但这种不舍远远抵不过对大学和对新生活的向往，在父母嘱咐她们常给家里打电话后，她们才挂了电话。但是，在大一新生中，总会有那么一群哭成“泪人儿”的孩子。梁佳和菁菁宿舍中有一个女孩，她的父母白天送她来报到，到了晚上出去住了旅馆，可是这个女孩即使知道父母还在附近，依旧哭个不停。她说自己特别害怕，当问她怕什么时，她竟然说：“我什么都不会，以后谁给我洗衣服、洗床单啊……”

大学是很多孩子梦寐以求的地方，寒窗苦读十几年，为了上一所好大学，然后找到一份好工作，从此过上自力更生的生活。这几乎是每一个希望通过读书找到人生出路的人的愿望。家长也应该意识到，大学其实是孩子正式踏入社会的前奏，独立的孩子在大学校园中会游刃有余，而无法独立的孩子到了大学里会感到困难重重。家长过度的爱究竟会给孩子的未来带来什么影响，这完全由你们自己决定。

有这样一则寓言故事。

一位老翁在河边垂钓，远处走来两个年轻人，他们很羡慕这位老翁钓起的大鲤鱼，鲜活而又金光闪耀。其中一个自认为很聪明的年轻人说："老大爷，我看您的大鱼真是太好看了，我很想得到它。"于是，老翁就将自己篓里的大鲤鱼送给了那个年轻人。而另外一个年轻人则说："老大爷，您垂钓的技艺实在是太神了，我很想得到它。"于是，老翁就要求他坐下来，然后平心静气地教他学习垂钓。

几十年之后，当年的两个年轻人都成了老翁。唯一不同的是，当年那个自以为很聪明的年轻人如今只会享受现成的一切，而不会自己去努力，最终一事无成；而当年那个愿意坐下来和老翁学习垂钓的年轻人，后来凭借垂钓的技艺和吃苦耐劳的精神，自食其力，最后成了一个富有并且备受大家敬重的商人。

寓言中那个自以为聪明的年轻人目光短浅，他只看到眼前的利益，而看似迟钝的年轻人却是真正的大智若愚的人，他明白想要得到大鱼就要首先把钓鱼的技艺学到手，这样他才会获得源源不断的大鱼。这就是"授人以鱼，不如授人以渔"的道理。比起直接给他一条鱼，传授给他钓鱼的技艺会使他今后能获得更多的鱼。换句话说，家长在教育孩子的过程中，直接"包办"和"代劳"都不是明智的做法，只有教会你的孩子如何独自完成一件事情，他们才能学会自立，并在日后学以致用，用自己的双手去获得更多。

岳莎莎是一位年轻的单身母亲，她五年前和丈夫离婚，独自带着一个四岁的女儿。和丈夫离婚的原因是因为丈夫外遇。和许多女性处理问题的方式一样，她选择坚强，并在发现丈夫外遇的一个月后提出离婚。

我们暂且不谈莎莎本身的婚姻问题，单就她的教育方式而论，其实这是许多中国家长做不到的。

她的女儿蝶儿在两岁的时候，喜欢将玩具摆在地上，并且弄得到处都是。对于这一点，莎莎从不斥责，而是先任由她胡乱摆放，然后再要求蝶儿将玩具捡起来。莎莎这是在告诉孩子，玩的时候可以尽情地玩儿,但是在该负责的时候就要负起责来。后来，两岁的蝶儿学会将玩完的玩具全部都捡起来，放在整理箱里，并且摆放得整整齐齐。

孩子将家里弄得乱七八糟，这一点恐怕是很多家长都难以接受的，他们一方面认为这样由着孩子乱来不好，另一方面是因为这种乱七八糟的场面最后还是要自己来收拾。因此，他们多半会告诫孩子“这个不许动，那个也不许乱摸”，要求孩子保持家中干净整洁。但事实上，家长越是这样要求，孩子就越是变本加厉；家长越是跟着收拾残局，孩子就越是长不大。

这就好比一位精明能干的领导，他不会担心局面失控，因为他讲的是规矩和责任，只要懂得规矩和责任，局面就不会失去控制。因此，莎莎不仅是一位出色的母亲，说她是一位有领导风范的管理者，一点儿也不为过。

蝶儿在四岁生日的那天，她决定要自己做点什么事。想了半天，她忽然仰起小脸对莎莎说：“妈妈，我要把我们菜园里的南瓜卖给邻居。”莎莎十分惊讶，这可以吗？她想卖多少钱一个？邻居愿意买吗？自己菜园里的南瓜很小，超市里的大南瓜多的是，也许别人根本就不需要……这些问题一股脑地涌进莎莎的脑袋里，但她只是想了想，没有说出来，而是微笑着点头应允了。

蝶儿很兴奋，她跑到菜园里摘了一个南瓜，不一会儿又去摘了一个……大约一个小时之后，蝶儿回来了，她特别开心地对莎莎说：“妈妈，邻居阿姨说我像童话故事里的小红帽。”原来，蝶儿是戴着莎莎送给她的小红帽去卖南瓜的，并且成功地将南瓜卖给了邻居。

孩子受到什么样的教育，将来就会成为什么样的人。智慧型的家长给孩子智慧的教育，将来孩子也会朝着智慧的方向发展。成长是每一个人必经的历程，独立是成长的第一步，而独立需要从小就开始培养，家长不应该成为阻碍孩子成长的绊脚石。给你的孩子足够的成长空间，让他们自己向前走；为你的孩子创造适当的条件，让他们自己去经历磨炼；在你的孩子身处困境时，先由他们自己去战胜；在你的孩子面临冲突时，让他们自己去解决……

第五章

心理教育——关注孩子的心灵成长

孩子的心理健康主要是指其合理的需求和愿望得到满足之后，情绪、社会化等方面所体现出来的一种比较良好的心理状态。当孩子心理状态良好时，孩子会对自己感到满意，情绪也十分愉快、活泼，适应力好，并且人际关系融洽、和谐，个人的聪明才智能够得到比较充分的发挥。但是，当孩子的心理状态不好时，家长是否能注意到孩子的明显变化？当家长整天都在关心孩子的考试分数时，是否想过孩子的内心感受？孩子的自信心从何而来？家长是否有义务为孩子的心理健康储备财富？

第一节　做孩子稚嫩心灵的守护者

一、做孩子的“心理顾问”

在英国的一些学校里有一类人，他们既不是学生的家长，也不是老师，更不是所谓的朋友知己，但却会在学生最需要的时候给予他们心理支持和鼓励，他们就是“心理顾问”。这类“心理顾问”会专门给那些爱逃学的孩子做心理辅导。通常情况下，当老师拿那些爱逃学的学生没办法时，就会打电话给学生的家长，但往往无济于事，因为孩子会说“我讨厌学校，讨厌 ×× 老师”。

“心理顾问”就是在这个时候出现的，他们会鼓励孩子：“事情不会像你想象得那样糟糕，我会帮你去和老师好好谈谈的。”于是，很多孩子就在“心理顾问”的心理疏导和劝解下，逐渐放下了对学校或老师的对抗意识。

可见，孩子需要的是一个能与自己倾心交谈的“中间人”，而这个人可能既不是老师，也不是家长。

事实上，不仅孩子需要，在成人的世界里，当双方出现矛盾时，彼此也需要有“中间人”来给各自做心理疏导。比如，下属与上司之间出现了矛盾，此时为了不影响大局，可能双方都有必要找个“中间人”来给他们做心理疏导，缓解紧张局面。

当然，这个“中间人”并不是绝对的，可能是朋友，可能是心理医生，也可能是一本文学读物，还有不少人会通过一些娱乐性质的活动来消除自己的烦恼。

而对既没有条件去找心理医生，也不能借助娱乐项目去消除烦恼的孩子来说，他们需要的其实是一个能够站在第三者的角度上看问题、与自己谈心、听自己诉说的“中间人”。在英国，这样的人并不需要什么权威证书，只要能够善于倾听、能够站在第三者的角度上客观地分析问题就可以了。他们虽然并不用做什么，但却能够起到“破解寒冰”的作用。

既然学生和学校之间的矛盾，能够通过“中间人”来消解，那么，在一个家庭中也是如此。比如，孩子被父亲严厉地指责后，母亲就不可以再火上浇油了，母亲最好是充当一个“中间人”来和孩子交谈。因为孩子此时已经遭受了父亲的责骂，心灵处于脆弱时期，母亲的关怀如果恰到好处，孩子会很愿意说出心里话。

在这种情况下，孩子接受的教育不是源自责骂他的一方，而是源自真正愿意和他交流的那个人。换句话说就是，后者会使孩子在这样的谈话中学习到很多东西，并且乐于打开心扉。反过来，当母亲生气时，父亲应该做的也一样。实际上，这就是所谓的“红脸和白脸”。

家长做孩子的“心理顾问”有助于了解和关注孩子的内心世界，也可以及时地解决家庭内部矛盾。有些家长在发怒时会毫不客气地朝孩子发泄一通，指责孩子的一大堆不是，而被指责的孩子过后却只能自己躲在角落里默默流泪，没有人可以诉说。这种粗暴的做法是完全忽略了孩子的内心感受的。

不管家长哪一方发脾气，另外一方都要担任“心理顾问”的角色，站在第三方的角度上，客观分析问题，并给孩子留下一条退路。当一方找到孩子，表示愿意听孩子解释时，其实也是在做说客，因为被批评的孩子需要有人来帮助自己消化不良情绪——“能和我说说你的想法吗？你这样做肯定有自己的原因”。“如果你能一开始就这样做，我想你母亲肯定不会误解你的。”“不要太在意这些了，我相信你会越来越好的。”

二、蹲下来，听听你的孩子在说什么

阿美上了一天的班，身心俱疲，她特别想立马回到家，洗个热水澡，躺在床上休息一下。但是，她还要去学校接儿子。没办法，阿美振奋了一下精神，就赶紧骑车来到了儿子的学校门口。周围等待的家长还真不少。不久，校门开了，学生们陆陆续续从里面走了出来，但阿美始终没见到儿子。

大约十分钟之后，她才见儿子慢悠悠地走出来。阿美这下气得不行，自己这么大老远地来接他，他居然还这么一副不待见的样子。“你怎么回事儿？别的小朋友都出来了，你怎么这么久才出来？想急死我吗？”儿子忽然遭到母亲劈头盖脸的责备，原本看到母亲时闪亮的眼睛一下子就黯淡了。

阿美似乎也没打算让儿子回答问题，载上儿子就赶紧往家赶。路上，儿子喊了两声“妈妈”，但阿美都没有回应，她正在想别的事情。等快到家的时候，阿美才回过神儿来，问：“你说什么？”“没什么。”儿子低着头。到了小区楼下，阿美去放自行车，回来后发现儿子不见了。

焦急万分的阿美赶紧打电话给丈夫，说儿子趁自己锁车的时候不知跑哪儿去了。丈夫安慰她说：“你先别急，回家看看，说不定他就在家门口。”阿美又匆匆地上楼，可家门口却并不见儿子的影子。阿美这下真的慌了，她很后悔自己刚才因为烦躁而责骂孩子，但又生气孩子怎么脾气这么大，说他两句就闹起别扭来。

于是，她叫回了正在公司加班的丈夫，又找来几个邻居，几个人分头去找人。后来，阿美骑车在刚才经过的路上，看到了站在路边等待红绿灯的儿子。

儿子找到了，阿美虽生气儿子让自己担心，但更多的是放下了一颗悬着的心。回到家后，阿美质问儿子为什么一声不响地溜走了，并问他去了哪里。丈夫也觉得儿子有点过分，但他没有质问，而是蹲在儿子的面前，问道：“你知不知道爸爸妈妈都很为你担心啊？瞧，你妈妈都急哭了。”儿子此时才抬起泪汪汪的眼睛，委屈地说：“我知道，对不起……老师让我换新的作业本，说不能在本子的背面写作业……我刚才是去文具店买作业本了……但是我没带钱……”

儿子的一番话深深刺痛了阿美，她想起在路上儿子曾经喊过她，但她却忽视了……还有在校园门口，自己不分青红皂白地训斥儿子。一切其实都是因为自己的忽视，儿子没有错……想到这儿，阿美对儿子说：“是妈妈不对，妈妈以后再也不会这样了。但你也要答应我们，以后不许乱跑了，别让我们为你担心，好不好？”儿子点点头，用手抹了一把眼泪。“那我们是现在就去买作业本，还是吃完饭才去呢？”“现在就去吧。”

这件事之后，阿美意识到了自己在教育孩子方面存在的不足之处，她不应该将自己的情绪发泄到孩子身上，更不该不分青红皂白地指责孩子。尤其是在和丈夫进行一番沟通之后，阿美开始关注孩子的心理变化，比如当她胡乱地指责孩子后，会注意孩子有怎样的心理反应和情绪变化；而且她还发现，有时候放下身段倾听孩子的心事，比一千遍的说教要有用和重要得多。

家长的一些粗暴行为或态度真的会伤害到孩子幼小的心灵，孩子也有一颗渴望被理解和被倾听的心。而身为家长，要如何打开孩子的心门，倾听孩子的心声呢？在这则小故事里，或许细心的家长已经注意到了，当阿美指责孩子到处乱跑时，其丈夫，也就是孩子的父亲却选择压住火气，蹲下来询问孩子的心事。就是这个细节，值得我们思考。

许多家长都在抱怨，现在的孩子不仅难管，而且还不愿意与大人交流。真的是这样吗？家长有没有想过孩子为什么会不愿意和大人交流呢？究其原因，其中一个关键因素就是孩子需要心的交流，而家长却很少关注这一点，因为他们关注的大多是孩子的考试分数或孩子在学校的表现，而对其心理健康却极少注意。

那么，家长应该怎样关注孩子的心理、倾听他们的心声呢？

正如这则小故事中描写的细节一样，蹲下来，听听孩子心里想说的究竟是什么。也就是说，家长应该在必要的时候放低姿态，与孩子站在平等的位置上对话，让孩子觉得你理解并尊重他们的感受；告诉孩子你的想法和感受，尽量用鼓励或者说理来代替责骂。只有这样，孩子才愿意表达，才乐意和家长交流。只有走进了孩子的心灵世界，家长才能找到孩子不当行为的症结所在。

三、找准与孩子谈心的契机

家长和孩子的谈心，某种程度上就是亲子双方在进行思想和心灵上的交流。正如上文所说，家长只有真正做了孩子的“心理顾问”，走进孩子的世界，才能真正地了解孩子的内心。心理学家认为，人的思维和语言是密切联系的，思维借助语言而实现，而语言则是思维的直接表现，是人与人之间最为直接的思想交流。家长可以通过谈心的方式来掌握孩子的思想动态和心理状态，帮助孩子排忧解难，帮助他们处理生活和学习上可能遇到的心理麻烦。

那么，家长要如何与孩子谈心呢？需要注意哪些技巧呢？

（1）处理好关系，在融洽的氛围中谈话。如果家长与孩子之间的亲子关系良好，那进行思想交流就不难。很多家长在平日里极少与孩子进行思想和心灵上的沟通，一旦发现孩子出现了问题就责备孩子，或者在自己心情不佳时，孩子的一点不当行为都能够将他们惹怒。久而久之，孩子便会疏远家长，双方的心理距离也会越来越大，孩子甚至会出现逆反心理。而在这样的感情状况下，家长要求与孩子交谈，其实是不会有什么效果的。所以，家长应该为谈话营造氛围，制造出一种和谐的气氛之后再交谈。

（2）针对典型事件，抓住谈话机会。在日常生活中，孩子身边会出现很多事情，尤其是一些比较典型的、具有代表性的事件，家长如果及时得知，一定要抓住机会给孩子以启发。比如，家长会之后，孩子通常都会很期待与家长展开谈话，抓住这个机会，可以了解孩子的很多情况。

囡囡在读高中的时候，每次母亲开完家长会，她都怀着十分忐忑的心情等待着母亲说话，因为她对学校的学习不够重视，考试成绩经常出现下滑的现象。有一次，囡囡的期中考试成绩再次列入班级倒数，家长会之后，她特别想知道老师在会上和母亲说了什么。

母亲当然也不会放过这次好好和她谈谈的机会。但母亲没有指责，也没有打骂，而是说："这次家长会令我感到特别难为情，当老师念到你的分数时，我真的太懊恼了。这是我平时对你关心不够导致的，但不管怎样，我都会一直相信你，希望你能够努力，对学习上点心，期末考试给我争口气回来。"

囡囡确实已经意识到了自己的不对，所以，她很感激母亲没有责骂她并且给了她足够的尊重。那次之后，囡囡努力多了，期末考试虽然不是排在前几名，但相比于之前，她确实进步了很多。

可见，抓住典型事件对孩子进行谈话或教育，会比其他时候更容易被孩子接受。

（3）目的明确，有的放矢。家长在和孩子谈话时，切忌模棱两可，一定要有明确的主题。比如，针对孩子的思想行为问题，自己须帮孩子解决哪些问题等，家长都要胸有成竹，围绕着本次谈话的主题与孩子展开双向交流。既要倾听孩子的想法，又要将自己的观点和意见表达清楚。假如在谈话中碰到敏感类话题，比如政治事件，孩子生理方面的问题，家长的感情问题等，也尽量不要回避，可以用双方都能接受的方式表达。

（4）态度诚恳、亲切，避免戒备心理。家长在和孩子谈话时，要注意态度要诚恳、亲切，这样才更容易被孩子接受，孩子才乐于展开谈话。另外，家长的一些惯用语可能会加重孩子的戒备心理。如“我们该好好谈谈了”，会让孩子感觉你准备给他上课；“你这样是不对的，让我来告诉你”，会让孩子感觉你在用教育者的口吻说话，双方地位不平等。

假如双方一不小心出现了对立情绪，家长可以用“冷处理”的方式来控制局面，先暂时停止谈话，或者说说其他的事件，缓和一下现场的气氛。此外，当孩子主动表示想和你谈谈时，可以放下手上的工作，把时间交给孩子，千万不要说“我很忙，改天再聊”之类的话，这会使你失去一次珍贵的谈心机会，并且使孩子对家长的信任度降低。

（5）使用恰当的谈话方式。孩子的性格特点，家长应该很清楚，所以，在谈话的过程中要注意方式和方法，要用孩子可以接受的口吻和恰当的谈话方式。最常见的叙述方式有顺叙法、倒叙法、间接叙述法。

顺叙法就是按照某件事情的发展顺序叙述，家长可以直接向孩子表达期望，孩子也可以直接向家长说出想法，简单又有效率，但这种方法比较适合性格外向一点的孩子。

倒叙法一般适用于说理性比较强的谈话场合，家长由事件的某一结果引申出谈话内容，渐渐进入说理模式，引导孩子思考前因后果，并启发他们今后该怎样做。

而间接叙述法通常是借助一个小故事、一则寓言、一段名人名言、一个案例等，以此来引起孩子谈话的兴趣，之后再顺势将话题引到谈话的主题上，这样孩子就不会太排斥。

（6）语言要精练，不可过于烦冗，时间不能太长。一般情况下，孩子都是讨厌烦琐和唠叨的，家长没完没了的说教只会降低孩子的耐心，最后使孩子变得烦躁。家长在和孩子谈话的过程中要使用简明扼要的语言，点到为止，不可过于重复和强调，时间也要把握好，有时候家长还可以使用幽默的语言来调节气氛，增强谈话的效果。

总之，家长要想经常与孩子坐下来谈心，还要掌握技巧，因为谈话并非训话，几乎所有的孩子都对训话难以容忍。亲子谈话的目的重在思想和心灵上的交流，是家长引导孩子说出他的心里话，并适当地将自己的意见和劝诫告诉孩子，而不要将谈话变成家长自己的独角戏。

第二节　培养孩子的自信心

小男孩出生在一个贫困家庭中，父母勉强供他上学，可家里经常“揭不开锅”，所以小男孩也会经常饿着肚子去上课。在学校里，他常常因为贫穷和软弱而被其他同学欺负，小小年纪的他因此开始自卑起来。

这一切都被他的老师看在眼里。善良的老师希望帮助他，但又不想伤害他的自尊。后来，学校组织了一年一度的“学工劳动日”，老师带着全班同学一起去了一家水果罐头工厂，然后说：“同学们，今天我们在这里比赛刷瓶子，看看谁能够拿到第一名。”

小男孩一听到“第一名”，心里就“咯噔”一下，因为他从来都没有得到过第一名，于是，他在心里暗暗下定决心：既然不能在学校里拿到第一名，那就在动手能力上拿第一，一定要让老师和同学们看看，我并不是一无是处的。

在老师说完“开始”之后，同学们都十分努力地刷着，并渐渐捋清楚了清洗工序，小男孩更是特别卖力。大家在觉得很累的时候，会停下来休息一会儿，只有小男孩坚持着，一刻也不肯放松。就这样，一整天的时间下来，小男孩一直在不停地刷着，一双小手被水泡得发白。虽然累，但他觉得充满着欢乐和希望。

最后，小男孩总共清洗了108个瓶子，是全班刷得最多的，他顺理成章地成了老师口中的“第一名”，这也是他人生中的第一个“第一名”。小男孩忘记了手上的伤，也忘记了自己是怎样度过这一天的，只是在心里一遍又一遍地重复着“第一名”，然后悄悄地流下了眼泪。老师当场表扬了小男孩，并用充满慈爱和信心的语气对他说：“以后不管做什么事，都要相信自己，只有努力，才会成功。”

这件事之后，小男孩慢慢收起了自卑，不再觉得自己比不上别的同学。他开始挺起胸膛，把眼光投向了更远的地方，并看到了他以前从未发现的美好，他的学习成绩也有了非常明显的进步，还被评为“班级最优秀学生”。

当这个小男孩四十岁的时候，他已经在计算机领域拥有了属于自己的一片天空——计算机自然语言处理领域里最为出色的科学家之一。他，就是微软亚洲研究院的主任研究员——周明。

从一个自卑的小男孩，到一个取得成就的大男人，一切都源于自信。一个人在其人生道路上究竟能够走多远，在人生的阶梯上能够爬多高，在事业上能够取得多大的成就，很大程度上源于他的自信，自信是主动力，更是关键力量。自信是一个人能力的支柱，没有自信的人永远只会“弯着腰、驼着背”走路，而一个充满自信的人，他会昂首挺胸，一路过关斩将，找到能够开启生命潜能的钥匙。充满自信的人不一定都能够成功，但没有自信，就永远不会成功。

因此，家长应该明白，家不仅是孩子避风雨的港湾，也应当成为他们学习如何去乘风破浪的课堂，你们能够给孩子的远比你们想象的要多。

自信心是一个人从小就具备的心理品质，家长要担负起培养孩子自信心的责任。那么，家长要如何去帮助孩子树立自信心呢？自信心的培养和建立需要多方面的因素。美国心理学家经过大量的实验研究和追踪调查，提出了以下几点建议，供家长们参考。

（1）家长要把赏识教育作为教育孩子的主导方法。用赞赏和鼓励为主，批评、纠正为辅的教育方式，即赏识教育，这在前文中已有重点讲述。心理学家认为，孩子对自己的认识通常与家长的评价相联系，尤其是在孩子的幼年时代，家长的评价将直接影响孩子的自信心。

如果家长认为，教育孩子就是要不断地指出他们的不足和缺点，孩子才会有所改正，才会越来越好，那么，运用这种教育方式得到的结果会远远达不到家长的预期。因为每个孩子在不了解自己的时候,只能通过家长及其他人的评价来认识自己。这个时候，培养他们的自信心尤为重要，特别是家长给出的评价往往会影响孩子的发展高度。鼓励和赞赏让孩子更加相信自己，而批评和指责往往使孩子感到自己很无能，久而久之就自卑起来。

小羽四岁的时候，妈妈就让她自己穿衣服了，当时小羽还不乐意，噘起了小嘴。妈妈没有说：“你要是愿意自己穿衣服，我一会儿就去帮你买蛋糕。”而是说：“我觉得你已经长大了，能够自己穿衣服了，你觉得呢？”在这样的提示下，小羽开始努力尝试，并在学会穿第一件衣服时确实感到自己长大了。从此，她也会抢着帮妈妈拖地，还坚定地说：“我长大了，我什么都可以做了。”母亲也会夸奖她：“小羽真棒，瞧，地板比妈妈擦得都干净！”而不是指指点点，批评女儿擦得不干净。

可见，家长的评价对孩子的心理影响至关重要。但要注意，在对孩子的言行做出鼓励和赞赏时，家长应该避免陷入两个误区：一是言语间的嘲讽。孩子很敏感，你的话是发自真心还是嘲讽，他们能够感受得到。如果他们感到的是讽刺，这要比直接批评和责骂更容易打击到孩子。二是赞赏过度。家长过于频繁地夸奖孩子，会使他们产生骄傲的情绪，最后不是变得自信了，反而是变得自负了。

（2）为孩子创造机会，在实践中培养孩子的自信心。心理学家认为，要培养孩子的自信心，需要让孩子经常置身于获得成功的体验中，过分的失败经验只会令孩子对自己的能力产生怀疑。当孩子经过自己的努力获得成功时，他们的自豪感和成就感会成为其建立自信心的基础。

所以，家长在日常生活中要多给孩子提供一些动手劳动的机会，如让孩子帮忙摆放碗筷，帮妈妈拿围裙，帮奶奶拿眼镜，出门帮忙拿着一个轻点的购物袋等，在这些简单的小事中培养孩子的动手能力和自信心。当然，家长也可以将一些有难度的事情交给孩子来完成，比如，让孩子整理自己的床铺，自己洗袜子，让孩子根据颜色分类来整理毛线团等。当孩子做到这些事情时，家长要及时给予表扬，增强孩子的自信心。

另外，家长或老师应该根据孩子不同的个性特征，提出适合其能力水平的任务或要求，确定一个恰当的目标作为孩子努力的标准。对于那些缺乏自信心的孩子，家长或老师要给予其特殊的关注，同时也要善于去发现那些孩子自己都未曾发现的闪光点，发扬其优点，逐渐培养其自信心。

（3）不要总拿别人的孩子和自己的孩子做比较。不少家长都有做比较的习惯："你看邻居家的小强，期末考试人家考了班级第一名，还拿了一个'年级三好学生'的奖状回家。你呢？""张军家的儿子真是懂事，妈妈不在家的时候他都知道自己做饭，要是你，肯定就知道在家吃泡面。"家长试图用比较的方法让孩子学习别人的优点，看到自己的缺点，以此激发孩子的上进心。殊不知，这样的做法只会使孩子更加反感，产生叛逆心理。

家长拿别人家的孩子和自己的孩子做比较，很容易使孩子产生自己不如他人的自我评价，严重时还会使孩子看不起自己，感到灰心丧气，甚至还会激起孩子的嫉妒心理。孩子在一心嫉妒他人时，不仅不会意识到自己的不足，还会分散学习的精力。此外，即便这样的做法激发了孩子向别人学习的欲望，但盲目学习会使孩子失掉自己的个性特征，成为其他孩子的复制品。在这种情况下，孩子很难超过其他孩子，最终他可能会失去自信，变得自卑起来。

所以，首先家长要有一双善于发现孩子身上闪光点的眼睛，鼓励孩子发扬优点，维持自己的个性特征；其次还要采用正确的说理方式，比如，想让孩子知道张军家的儿子在母亲不在的时候自己做饭，可以直接将这件事说给孩子听，而不是一定要把自己的孩子与对方放在一起做比较。

（4）冷静对待和处理孩子的失败。在学习方面，孩子不可能每一次都取得好成绩，在孩子考试失败或遇到其他挫折时，他们需要的不是一顿劈头盖脸的责骂，或者是阴阳怪气的讽刺，也不是家长无原则的安慰、同情，而是身边最重要的人的理解、鼓励和信任。

因此，为了孩子的自信心着想，家长应该保持冷静，想想在人的一生中，经历失败和挫折是常事，何况是孩子。等自己的情绪平复了之后，再理智地看待孩子的失败，平心静气地与孩子交谈，和他们一起总结失败的原因和教训，帮助孩子进步。同时，家长也有必要告诉孩子，失败与挫折乃人生必经的历程，是成功不可或缺的步骤，并表示自己会一直支持和相信他们。此时，家长的信心无疑是孩子最大的动力。

第三节　没有比坚持更有意义的事儿

竺可桢是我国著名的气象学家、地理学家，也是中国近代气象事业创始人之一。在他刚出生时，父亲见他白白胖胖的，就叫他“兆熊”，平时就叫“阿熊”。但这是小名，还应该有个好的学名才是。于是，父亲找来私塾的先生，经过一番商量，最后给“阿熊”取名“可桢”。“桢”字有两种寓意，一是坚实的木头，二是桢干，即古时候建筑土墙时使用的木柱。父亲给孩子取名“可桢”，是希望他将来能成为为国家做贡献的栋梁之材。

在可桢一岁半的时候，父亲就开始教他读书、识字、写字，可桢每次都能不负父亲的期望，做得非常好。他在很小的时候就养成了坚持的好习惯，不愿意落下一天。

有一天，父亲要出门办事，无法监督可桢练习，于是出门之前他特意嘱咐孩子“今天放假”。但小可桢一下子爬起来拉住父亲，非要父亲陪他练习完了再走。无奈，父亲只好留下来陪孩子练习。到了三岁的时候，可桢已经认识很多单字了，并且还能够背诵出许多古诗。

从小就热爱学习的他，也非常爱动脑筋。每当下雨天，可桢都会趴在窗户边上看天，看天上的雨点掉在地上，甚至还会聚精会神地数由屋檐上滴落下来的水滴的数量。有一天，他被门前一排小小的水坑吸引住了，他发现水滴从上往下正好滴在这些小水坑里。爱动脑筋的可桢很疑惑，他想不明白这是为什么。于是，他跑进屋里询问正在做家务的母亲。

听到儿子的发问，母亲放下了手上的活计，耐心地给可桢解释道："孩子，你问得真好。这就是'水滴石穿'呀，其实那一个个的小坑都是被一滴滴的雨滴落下来砸出来的。一滴水当然没有那么厉害，但许许多多的水滴日复一日地坚持下去，就将原本平滑的地面砸出了小坑。"

可桢陷入了思考中，此时，母亲又趁势说："其实，读书、识字、写字、做事……不管是什么事情，都是这个道理，只要坚持，持之以恒，最终都会有所成就。"

这之后，"水滴石穿"就成了可桢的座右铭。他能够取得后来的成就，成为父亲期望中的为国家做贡献的栋梁，其中一大关键因素就在于他的持之以恒。"水滴石穿"的精神让他有了克服困难的勇气，使他最终获得成功。

显然，家长从小对孩子的教育很可能会影响其一生。人人都渴望成功，家长更希望自己的孩子将来能有一番作为，但成功并不是每个人都能做到的，缺乏坚持的毅力，再有能力的人也难以取得最后的成功。所以，家长要从小培养孩子的坚持性。那么，家长在日常生活中应该如何培养孩子的坚持性呢？

某小学曾组织学生们参加"插杆儿"活动，但却很少有学生坚持到最后。老师对学生们的行为很不满，于是要求学生们在活动结束后，每个人回家都要写一篇关于“插杆儿”活动的作文，主要是写出自己在“插杆儿”活动过程中的心理变化。结果，在阅读学生们的作文时，老师发现，即使是坚持到最后的学生，也经历了一段想要放弃的心理挣扎过程，同时老师也找到了他们难以坚持下去的真正原因。

原来，在学生们的眼中，“插杆儿”是一项“使我厌倦、让我很挣扎”的活动。很多学生都经历了从一开始的新鲜和欢乐，到不断重复时的厌倦，再到努力之后仍旧失败的无奈和烦躁的情绪变化过程。大部分学生表示，当时很想马上放弃，但又想到周围还有很多同学在做，老师也在监督，所以，自己陷入了一种无法坚持、想放弃，但又不得不坚持的心理挣扎中。不过，那些坚持到最后的学生也在作文中说明，虽然经历了那么一段痛苦的挣扎，但还是为自己坚持下来了而感到自豪和快乐，因为他们征服了那个想要放弃的自己。

在这个案例中，我们不难发现，孩子之所以厌倦是因为事情总是做不好，他们难以从中体会到乐趣；而孩子之所以会挣扎是因为大家都在努力着，身边还有人在陪伴，不愿轻易放弃……了解了孩子的心理特征之后，家长也就找到了培养孩子坚持性的方法和技巧。

家长应该在全面掌握孩子面对事情时不同阶段的心理变化特征的基础上，细心地观察，耐心地分析，并给予孩子及时的指导和帮助，这样才有可能更为科学、有效地读懂孩子的行为，以提升孩子的坚持力。具体建议如下。

（1）分配给孩子的任务要难度适宜。任务太多、太难都会使孩子感到厌倦，因为无法体验到其中的乐趣，更不能感受到成功的喜悦，孩子自然就会产生抗拒心理或者干脆直接放弃。因此，家长在分配任务时，要考虑到孩子的接受能力，如果是一些难度较大的任务，可以帮孩子分解成一个个的小任务，这样当孩子完成了其中一个小目标时，他们就会产生成就感。此时，家长再适当给孩子一些鼓励和表扬，相信孩子就会坚持下去。长此以往，孩子也就养成了坚持的习惯，掌握了分解目标的方法。

（2）家长要以身作则。教育专家认为，家长的一言一行在很大程度上会直接影响孩子做事的态度。因此，家长要培养孩子的毅力，首先要保证自己做到了坚持，家长有毅力，才能培养出有恒心、有毅力的孩子。

（3）适当监督。研究发现，大多数情况下，人们在图书馆一类的地方看书时的效率要远远高出自己独处时的效率。事实上，多个人在身边监督，确实能够起到提高效率的作用。因此，家长不妨适当地对孩子加以监督。比如，孩子做作业时不专心，结果导致两三个小时都做不完，这个时候家长可以站出来监督孩子。但如果家长今天要求孩子花一个小时写完作业并予以监督，明天又在提完要求时忘记了监督孩子，后天干脆完全忘记了这件事，那么，要培养孩子的毅力就成了一句空话。

（4）向孩子提出要求时语气要坚定。家长提要求时表情严肃、语气坚定，会让孩子认识到这是一件非常重要的事，不能随便应付，这比不停地唠叨更能起到强调作用。注意，家长千万不要在孩子选择放弃的时候采取粗暴的手段，而是要耐心教导，最好是了解清楚孩子在做这件事时的心理变化。

当然，家长也可以像竺可桢的父母那样，抓住生活中的典型事例，向孩子讲解坚持的原理和重要性，并充分利用各种机会，培养孩子的坚持性。

第四节　为孩子储备“人生财富”

社会竞争越激烈，人们需要具备的心理素质和能力水平就越高，没有人的一生会一帆风顺，也没有人天生就是成功者。随着社会不断进步和发展，成人世界里的竞争越来越猛烈，而校园竞争似乎也不输给社会竞争，孩子的学习负担变得更重了，压力也变大了。

近几年来，发生在校园里的学生暴力事件屡见不鲜，当人们在感慨和惋惜时，也意识到了隐藏在这些事件背后的“真凶”——心理素质。不良的心理素质是导致孩子走上不归路的主要凶手。

孩子的健康成长与快乐是世界上任何事物都代替不了和换取不来的，良好心理素质的培养不是一天两天的事，它需要长期的习惯养成和心态保持。所以，从现在起就开始关注你的孩子的心理健康吧，要知道，人生路上的最大财富莫过于拥有一份积极向上的心态。

十九世纪六十年代，波兰的一座美丽的小镇上出生了一个漂亮、聪颖的女孩，父母给她取名玛丽。玛丽的家庭并不富裕，在她十岁那年母亲离她而去，父亲因反对俄国沙皇霸占波兰而被迫离职。玛丽的家一下子陷入困境，她的学业难以维持，体质也越来越不好，最后只得回老家休养。

在休养的一年时间里，玛丽每天都坚持学习，不肯放弃学业。但她周围的环境实在是太糟糕了，很多小孩子嬉戏打闹，这使她难以专心看书。不得以，她只好将两边的耳朵堵住，这样就不会被那些声音干扰到了。可是，玛丽也因此被其他的小伙伴排挤，大家觉得她不合群，便决定一起“捉弄”玛丽。

于是，几个小女孩悄悄地拿来三把椅子，并在玛丽的背后搭起了一个“三脚架”，这样只要玛丽稍稍一动弹，“三脚架”就会立即倒下来，并吵到玛丽，使她不能安心读书。摆放好了“三脚架”之后，小女孩们就躲在一边等着看好戏。但是，好久之后，玛丽都没有动弹，“三脚架”自然也就没有像她们预期中的那样影响到玛丽。正在她们失望的时候，玛丽忽然抬起头来，准备拿另外一本书看。结果，这一动弹刚好触碰到“三脚架”，其中一把椅子还倒下来，砸在玛丽的肩膀上。

此时，躲在一边的小女孩们高兴坏了，她们一起欢呼雀跃起来。但玛丽却没有如她们预期中的那样生气，或者走过来找她们理论，反而看着她们笑了笑，之后拿起一本书走进了另外一个房间，继续看起书来。

玛丽的心态实在令人佩服，不管处在什么样的境遇和环境下，她都以一种十分平和的心态去应对。她一生中两度获得诺贝尔奖。正是这种积极心态使她成了举世闻名的人物——法国籍波兰裔物理学家、化学家，世界著名科学家，镭元素的发现者——居里夫人。

我们有理由相信，一个心态积极、健康的人能够乐观地面对其人生中的风风雨雨，积极地应对生活和事业上的种种挫败和逆境。可以说，一个拥有积极心态的人，在这个世界上就没有什么事情能将其轻易打倒。

身为家长，应该将这种心态教给自己的孩子。美国作家艾尔菲·科恩在其《无条件养育》一书中指出，教育孩子应该从孩子自身出发。这一点是非常重要的，因为很多家长盲目地要求孩子这个要优秀，那个也要出色，却从来不会考虑一下孩子自身的接受条件，这样很容易导致教育的失败。

比如，你将自家的孩子和邻居家的同龄孩子做比较时，发现自家的孩子有很多不足的地方，此时，千万不可在孩子面前直接做这样的比较，也不要用指责和打击的口吻说给孩子听。家长应该保持一种平和的心态，接受自家孩子本来的样子，然后才能在此基础上给予其最好的教育。换句话说，家长要想培养孩子积极、乐观的心态，首先要从自身做起，要采用积极、乐观的教育、处事方式，让孩子耳濡目染，逐渐养成相同的心态和习惯。

艾森豪威尔的母亲出身贫寒，小时候并没有读过多少书，但她是个特别开明、悟性高又善于思考的女子。以往的经历使她懂得并坚信，要想获得社会的承认，就一定要自己努力，社会不会没有理由地厚待一个人，当然也不会无缘无故地排斥一个肯努力、肯上进的人。

所以，母亲希望艾森豪威尔将来能够通过自己的努力向社会证明，他是值得被厚遇的。在艾森豪威尔很小的时候，母亲就开始培养其积极向上的心态，而艾森豪威尔也特别感激母亲为他所做的一切。他在这样的教诲中逐渐成长为一位有名的军事家和政治家。

有一次，艾森豪威尔看到妈妈拿着一篮子苹果，里面有红有绿，苹果的大小也各不相同，其中有一个又大又红的苹果，艾森豪威尔非常想要。而此时，母亲说：“孩子们，看到门外的草坪没有，那里已经很久没有修理了。现在你们每人负责一块，谁完成得最好，这个又大又红的苹果就归谁。”

最后，艾森豪威尔获得了那个又大又红的苹果。这件事情带给他的影响很大，甚至影响了艾森豪威尔的一生，因为这使他认识到，只有积极争取，比别人做得更多，才能获得更多。可以说，母亲通过这件事传授给了艾森豪威尔一笔珍贵的人生财富——肯努力、肯上进的积极向上的心态是实现自身价值的关键。

不懂得积极争取的孩子，对于自己想要得到的东西永远都只能远观，他们会感叹自己没有价值，怨天尤人；或者得过且过，没有过多的欲望；或者心理脆弱不堪，不能承受挫折和打击，否则就一蹶不振，对人生充满悲观和绝望的情绪；还可能因取得一点小成就便扬扬自得、骄傲自满、不求上进等。身为家长，除了为孩子提供一定的物质基础，更重要的是培养孩子乐观积极的心态，帮助其形成健全的个性。

艾森豪威尔的母亲从小就注重培养儿子的积极心态，鼓励他积极地面对一切问题，从而为艾森豪威尔储备了他成功人生的基础“财富”。有了这种积极心态，不管今后艾森豪威尔遇到什么样的事情，他都能够积极应对，面对自己想要的东西，他也会采用积极的手段去争取。

家长要想培养孩子的健康心态,应该采用情景教育的方式，即顺势而为、自然贴切地引导，而不是给孩子强加一些空洞的说理。家长可以抓住生活中的小事，使孩子产生积极奋进的情绪体验，然后再去影响他们的心理、动机、理想，乃至世界观等的形成，进而影响孩子善恶观、荣誉感、义务、良心、幸福感等道德情感的发展。当然，家长也要对孩子的一些消极念头给予及时的关注，不可听之任之，更不能不问青红皂白地强势打压，因为这会伤害孩子的感情，对培养其健康心态没有任何积极意义。

那么，家长应该如何来培养孩子的积极心态呢?

（1）给孩子提供机会，引导他们体验获得成功的乐趣。可以像艾森豪威尔的母亲一样，给孩子制造机会，让孩子在完成任务之后体会获得成功的愉悦心情。特别是稍大一点的孩子，更要在这方面重点培养。

（2）当发现孩子面对问题畏缩不前时，不要试图采用激将法。有些家长发现孩子不够积极勇敢，往往试图用激将法来激发孩子的勇气和斗志，其实这种做法是不妥当的。教育专家认为，如果想要孩子积极勇敢地去面对某件事，家长就应该带领着孩子一起去完成这项任务。这样有助于克服孩子内心的恐惧感，只有恐惧感彻底消除了，孩子才能真的变得勇敢起来。

有一个小男孩自小就害怕毛绒玩具，一看到毛绒的小猫或小狗之类的东西就躲得远远的，因此，他也不允许家长在他的房间里摆放任何毛绒玩具。男孩的母亲试图纠正孩子的这种心理，但又找不到更好的办法。后来，她尝试在自己的房间里摆放毛绒玩具，有的时候，还会随身带着，用自己的行动来告诉儿子：这些毛绒玩具并不可怕。

过了一段时间，小男孩不像之前那样排斥毛绒玩具了，甚至在他高兴的时候还会和母亲抢着要那些毛绒玩具玩，母亲也会故意做出不情愿的样子，小男孩见状就更加喜欢那些玩具了。后来，通过母亲的努力，小男孩不再害怕毛绒玩具，也尝试着像母亲一样抱着它们睡觉。

（3）为孩子创造更多接触新鲜事物的机会。孩子对新鲜事物的恐惧感其实源自他们的未知，要想克服这一点，家长就要为孩子创造更多可以接触新鲜事物的机会。孩子接触并了解新鲜事物后，便不会再有恐惧感，除非孩子是真的不喜欢。而事实上，孩子与我们成人不同，他们对某样东西的喜欢或不喜欢并没有十分清晰的意识和判断，往往只要让孩子消除了恐惧感，一切都会变得简单。

（4）关注孩子的情绪。有人说，从孩子那里发出的笑声才是真正的笑声，因为那是毫无杂念的、纯粹的快乐。可见，一个爱笑的孩子是快乐的，是懂得体验快乐的人。家长不应该让一个孩子失去笑声，笑意味着一种积极乐观的心态，在孩子成年之后他们会明白，笑其实也是面对困境时的一种态度。

因此，家长要在日常生活中关注孩子的情绪变化，帮助他们消除不良的情绪体验，尽快恢复愉悦的状态。假如孩子犯了错误，家长可以给予严厉的批评，但要速战速决，不要把这件事经常拿出来说。在孩子认错之后，家长也要尽快转换情绪，不要再用指责的态度和孩子说话。当孩子表现不佳时，家长切忌打骂，必须以尊重孩子的人格为前提，摆事实，讲道理，激发孩子的积极情绪。总之，家长要在一些日常小事上用温和的态度和行为去影响孩子，正确疏导他们的负面情绪。

当然，孩子的积极情绪也离不开家庭环境的影响。家长自身的积极心态和家庭环境中的积极氛围，都会潜移默化地影响孩子的情绪，对培养孩子的积极心态有非常重要的作用。

第六章

解决问题——达成合作的协议

教育并不是一件容易的事儿，家长在面对孩子提出的种种难题时，是不是感觉很无奈，觉得自己根本没有足够的能力去管教孩子？其实，要想让孩子听话，需要讲究技巧，“硬碰硬”的教育方式不可取。本章将为家长详细介绍让孩子“听话”的技巧和方法。

第一节　孩子“不听话”，家长要先摆正心态

或许每一位家长都深有感触，自己想要在孩子面前树立威信，希望自己说的话、发出去的命令能够对孩子有用，但事实上，孩子却经常与自己作对，要么哭闹不停，要么直接顶嘴，甚至稍有不如意就大发脾气。家长在被孩子折腾得头昏脑涨时，也感到无可奈何，各种方法都使尽了，孩子不是越来越听话，而是越来越难管，越来越不把家长的话放在心上。

可以说，孩子的“不听话”几乎成了所有家长的烦恼之一。那么，家长究竟该怎么办呢？实际上，面对孩子的不听话，家长应该保持心平气和的态度，不要急着去纠正孩子的言行，而是要先去审视隐藏在孩子“不听话”行为背后的心理原因。

一、正确看待儿童早期“不听话”的行为

今年两岁的小悦长着一双水灵灵的大眼睛，人人看见了都夸她可爱、机灵。可小悦的妈妈就不这么认为，在她眼里，女儿的可爱、机灵有时候纯粹是一种“胡闹”。比如有一次，她要小悦帮忙把地上的玩具收起来，小悦不仅不这么做，还将衣柜里的衣服全部拿到了床上。看着妈妈无奈的样子，小悦伸伸舌头，得意地笑了。

再如，小悦的妈妈早上赶着去上班，小悦的“胡闹”本领

就又启动了。妈妈这边帮她把鞋带系好了，她那边就悄悄地脱下鞋子；妈妈这边对她说不要乱跑，她那边就又将整理好的床单拉扯下来，还把沙发上的靠垫摆在地上。

更令小悦母亲感到担忧的是，女儿这段时间对打火机特别感兴趣，她只要发现家里有这东西，就一定要摆弄一下……因此，小悦的母亲现在不得不严加防范，因为稍不留意，小悦就很可能一溜烟跑去摆弄那些“危险的禁品”了。

随着孩子年龄的增长，他们的体格也在迅速发展，孩子的身体活动能力逐渐成熟,会特别渴望扩大自己独立活动的空间。因此，对一些自己从未接触过或感到新奇的东西，孩子会进行不断的尝试。但这对家长来说是不可接受的，他们会阻止和限制孩子去做这些尝试。孩子在遭到家长的限制之后会产生不满与逆反的情绪，接着会与家长“对着干”，表现出“不听话”的行为。

小悦的“不听话”其实也是出于这样的心理，她原本只是想拥有更多的活动空间和机会，这里摆弄一番，那里摸摸捏捏，想通过这样的方式获得经验，却被母亲一次次阻拦。久而久之，小悦便被母亲刺激出了更强的好奇心和逆反心理，一旦有机会便会再次尝试。

这类“不听话”行为一般出现在两岁以后的宝宝身上。如果家长不理解孩子这类行为背后的心理特征，盲目阻拦、训斥，甚至是打骂孩子，把孩子的这类行为归结为“不听话”，就会很容易引起孩子的不满情绪，严重时还会影响亲子关系。

孩子早期出现的“不听话”行为和儿童时期的“不听话”行为，在本质上是不同的，家长要采用科学的方法来应对。

（1）理解并尊重孩子探索新鲜事物的好奇心理。心理学家认为，孩子出现“不听话”行为，其实是其建立自信心和自尊心的第一步，他们渴望获得更多的成长空间。家长在这个时候应该努力解读孩子的心理特征,在孩子想要自己做点什么时，不要急着阻拦，不妨满足一下他们的合理需求，并在一边给予指导和帮助。

如果孩子对某些危险物品非常好奇，可能家长越是阻止，他们就越感兴趣，此时最好是为孩子提供一些替代品，并设定一定的规则，直接告诉他们哪些东西是他们暂时不能触碰的，哪些东西需要等到他们长大了之后才能触碰等。这样，当孩子感觉到自己被尊重和信任时，内心的愉悦感和成就感会促使其变得“听话”。

（2）采用有效的方式来转移孩子的注意力。在保证孩子远离危险物品的前提下，给予孩子充分的探索空间，主动为孩子提供一些有趣的玩具，以此来吸引和转移孩子的注意力。比如，当孩子对桌子上的玻璃杯感兴趣时，家长不能粗暴地加以制止，此时最好给孩子一块透明的水晶或其他替代品并带其去另外一个房间里，陪其一起玩耍。平时，家长还可以给孩子提供一些结构性玩具，使其在拼凑和拆解中得到好奇心的满足。

（3）用孩子可以接受的语言和他们交流。家长用什么样的方式与孩子交流，将直接影响他们的行为表现。比如，家长经常命令孩子“不要把水洒在报纸上”“不要摘花朵”“不要打碎玻璃杯”等，使用“不要……”之类的句子通常会加剧孩子的好奇心，增强其逆反的心理。因此，家长可以这样说“报纸上的文章妈妈很爱看，注意保持清洁哦”“瞧那花儿多鲜艳啊，让它长在那里，我们就可以天天看到了”“玻璃很脆弱，你要保护好它”。

二、辩证地看待孩子的“不听话”

“不听话”的孩子就一定不好吗？“听话”的孩子就完全好吗？想必在大多数家长的眼中，“听话”往往意味着孩子完全遵守家长制定的规则和要求，而“不听话”就是孩子在和家长作对。事实上，只要家长仔细分析，就会发现孩子并非要和家长过不去，他们“不听话”的主要原因是自尊心的需求没有得到相应的满足。也就是说，孩子的“不听话”在本质上是具有两面性的。

就其负面影响来说，“不听话”行为会直接导致孩子形成不良的心理和个性特征。

（1）以自我为中心。孩子往往不尊重家长，考虑问题时也只以自己的感受为前提，不会去考虑其他人的意见。假如家长就此迁就他们，长此以往，孩子就会养成事事都以自我为中心的习惯。

（2）自私自利。一个习惯了以自我为中心的人，会很难听得进去规劝和他人的意见，在利益面前，他们会变得更加自我，进而养成自私自利的个性特征。

（3）成绩下降。家长希望孩子学习好，将来上一所好点的大学，但孩子如果“不听话”，也就不会遵照家长的意愿。贪玩的年龄缺少自我克制力，加上家长也管不了，孩子自然就很难好好学习了。

（4）结交不良的伙伴。在孩子年纪小的时候，家长往往都会告诉他们应该和什么样的人交往，避免上当受骗，但孩子通常不会去理会这些，只跟着自己的感觉去交友。这种出于关爱的劝诫，有时会引起“不听话”的孩子的逆反行为，“你们让我不要和这些人交往，我偏不听！”而当孩子结交到一些不良朋友时，也会受到影响，严重的时候还会误入歧途。

而就其积极意义来说，“不听话”的孩子也有其他孩子难以具备的优势。

（1）坚强的勇气和毅力。欧美国家曾经针对儿童教育进行了研究，发现顽皮、不听话、好反抗的孩子通常都比较坚强，他们具备的勇气和意志力是其家长意想不到的。这些孩子有更加坚定的立场和强烈的意愿去做自己认为合理的事情。

此外，德国心理学家也做了一项跟踪调查，对象是一百名具有反抗意识和不具备反抗意识的孩子。调查一直持续到这些孩子成长为一群青年。调查发现：在当年具有反抗意识的孩子中，85% 的孩子都成长为意志力坚强、有敏锐判断力的人；而在当年不具备反抗意识的孩子中，只有 24% 的人意志坚强或有一定的判断力，其他的人多半具有较强的依赖性。

（2）有创造性。心理学家认为，孩子的某些“出格”行为其实是因为在孩子的世界中没有成人世界中的条条框框，且孩子的思维活跃。家长应该保护和尊重孩子的“出格”，激发其创造力，因为在孩子的眼里，世界是独特的。想象力丰富的他们似乎总是可以做出许多大人都意想不到的事情，但只要不是违背道德伦理和触犯法律的事情，家长都不应该轻易地采用粗暴的手段去干涉。

比如，这些“不听话”的孩子可能会画出绿色的太阳、蓝色的草莓，甚至还会故意将水洒在地上，然后自己用海绵去吸水……家长如果阻止孩子去尝试自己感兴趣的事情，就相当于扼杀了他们的创造力和想象力。所以，在孩子还小的时候，家长可以允许他们“淘气”和“不听话”。让孩子自由地去遐想、创造、尝试，未尝不是一件好事儿。

身为家长，需要有更多的耐心和信心去包容与引导自己的孩子，不要轻易地用“不听话”来给孩子下定义，因为“不”字本身就带有否定的意味，孩子容易从中察觉到否定信息，影响自信心的培养。而家长的正确引导和教育，会使“不听话”的孩子的优点得到充分发挥，进而使孩子成长为独立、坚强、自信的人，给自己以后的人生打好基础。

总之，当孩子出现“不听话”的行为时，家长应该看到问题的两面性，一方面寻找其中的消极因素，不可听之任之，放任自流；另一方面也要看到其中的积极因素，尽量保护好它们并帮助孩子充分发挥其优势。

第二节　孩子反抗时，家长要找准对策

毛毛最近变得特别贪玩，他经常在妈妈做好晚饭时说自己不饿，不管家人怎么哄，毛毛就是不吃。后来，他的爸爸威胁他说："你要是再不吃，以后就别想出去和小伙伴们一起玩游戏了！"毛毛听了很委屈，他扑进妈妈的怀里，准备撒娇一番，但妈妈也不吃他这套，直接命令他赶紧吃饭。最后毛毛吃饭了，但整顿饭下来，毛毛一句话都没说，脸上挂着眼泪，父母和他说话，他也不理会。

但这次的经历似乎并不会对第二天的生活产生任何影响。毛毛照旧在吃饭的时候说不饿，而当父亲采用同样的方式威胁他时，毛毛翻眼看了看他，还是继续玩自己的游戏。父亲见不管用，又说："你信不信我把你的玩具都丢出去！"毛毛停下来了，但还是不吭声地待在原地。

最后，毛毛的爸爸忍不住了，上前揪住毛毛的衣服，将他拖出了房间，这个过程中充斥着毛毛的哭喊声。就这样，每到吃饭的时间，就是毛毛和父母"大战"的时候，家里充满了火药味。

面对这类情况，家长究竟应该怎么办才好？威胁孩子或粗暴地将孩子抓到饭桌前，都不能有效地解决问题，还会伤害到

孩子的自尊心，影响亲子关系。比如，家长威胁说要把孩子的玩具丢掉，除非家长真的把那些玩具都扔了，否则这样的威胁只会降低家长的威信；而强行将孩子抓到饭桌上的做法实在是欠妥的，轻则不起作用，重则激发亲子矛盾，只会让孩子越来越不听话。

因此，针对上述案例中的情况，专家建议家长可以采用以下几种类似心理策略的方式。

（1）与孩子约定。在孩子玩游戏或出门和小伙伴们玩耍之前，家长要和孩子做一个约定，比如，“我们同意你玩游戏，但到了吃饭的时间就好好吃饭，好不好？”孩子点头同意，然后家长再说：“如果你不能遵守我们的约定怎么办？”家长要向孩子提出违反约定之后应该接受的惩罚措施，当然，也不要忘了，在孩子遵守约定之后给予及时的奖励。这样，在事先就有约定的情况下，孩子在玩耍的过程中就会对吃饭这件事有一定的心理预期，避免在其玩得正兴奋时，家长“突然”要求其吃饭而产生抗拒情绪。

（2）与孩子商量，允许其再玩五分钟。比如，毛毛的家长可以这样说：“现在是吃饭的时间了，但如果你还想玩，那就再玩五分钟，再过来吃饭，怎么样？”这样就给了毛毛一个心理缓冲期。同时，孩子听到这样的话，会感觉家长重视自己的感受，自然就会变得听话了。

（3）赞赏孩子。比如，毛毛的家长还可以这样说：“我知道你玩魔方很厉害，比我们都厉害。这样，你再玩两个回合，然后就过来吃饭，好吗？爸爸妈妈都在等你呢。”

欣欣四岁的时候就经常对父母的行为感到不解和生气，甚至会做出一些反抗行为。有一次，她试图用吃饭的勺子在饭碗上敲出节奏（因为她在电视上看到有人用筷子和碗演奏出了好听的乐曲），却被母亲一把夺走了手里的勺子，接着是父亲的训斥：“吃饭的时候不好好吃，要不就别吃了！”欣欣怔住了，大概过了半分钟，欣欣气鼓鼓地放下饭碗，“不吃就不吃！”然后便自己躲进房间里，把房门锁了起来。下面是她的“反抗宣言”：

我又不是小孩了，我很能干，我知道我在做什么！

你们不能这样限制我！我也有我自己的想法。

我只是想试试，为什么一定要阻止我？

你们要是总对我说“NO”，我就不可能按照你们说的去做！

我真的很难让自己的手闲着，不动一下肯定是不行的！

我不想做不乖的孩子，但如果你们不让我这样，我也会反抗的！

我喜欢音乐，那样（用勺子敲击饭碗）真的很好听，你为什么要抢走我的勺子！

我就要上蹿下跳，我喜欢！为什么要管着我？！

如果你总是命令我快点吃饭，我就要推掉它——饭洒在地板上，我知道你肯定又要骂我，可我就偏要这样做！

别让我变成坏孩子！

一个四岁的孩子，懂得生气，也懂得如何去反抗家长了。在成人看来，这是孩子“不乖”和“不听话”的表现，但事实上，在这个四岁孩子的“反抗宣言”中，我们可以看到，孩子的反抗其实是在维护自己所需要的“利益”，她对家长阻止自己尝试的行为感到不解，并试图反抗。

或许这个故事反映的问题也是很多家长共同的烦恼和难题。家长总是期望孩子能够按照自己说的做，并且也确实有很多事情需要孩子的配合，但如果等着孩子自愿表示和家长合作，这似乎是不太可能的事情。因此，家长要有一套科学有效的教育方法，方法对了，才能改变孩子的行为，让孩子乖乖地与自己合作。而家长一旦找到了这种教育方式，便会惊喜地发现，和孩子一起相处的时光再也不像之前那样无奈而气恼了，而是非常享受。

因此，家长应该先正视孩子的“不听话”以及他们所做出的反抗行为，然后再积极地鼓励孩子与自己合作，缓解他们的反抗情绪。当然，这需要家长有足够的耐心和坚持不懈的毅力。在此基础上，可以从以下几点着手。

（1）分析孩子反抗行为背后的真实原因。发现孩子在反抗自己时，家长不能因一时气愤就做出冲动行为，首先应该冷静，分析孩子反抗行为背后的原因。心理学家认为，三岁的幼儿普遍具有反抗行为，这主要是因为孩子的自我意识在逐渐增强，本就处于心理逆反的阶段。

也就是说，从三岁开始，孩子就已经有自己的判断意识了，并且拥有属于自己的精神世界，他们渴望表达出来，但经常又被家长用责骂和阻止的行为压制住了。所以，孩子会用自己的方式表示抗议，在此期间，孩子一般都会对家长的“嘱咐”“命令”“交代”等说“不”，即使是一些他们自身也比较喜欢的事情，但由于反抗意识的发展，他们会故意说“不”，反抗行为非常强烈。

在孩子的眼里，家长是在与自己“作对”，太多的“不要这样……”“不要那样……”，这些成人世界里的规范对孩子来说就是一种残忍的限制。因而，当孩子的需求得不到满足时，他们便会哭、嚷、生气，孩子会被困在需求和社会规范之间的矛盾中。家长觉得是孩子太任性了，孩子却觉得是家长太残忍了。

所以，家长有必要清楚这一点，即了解孩子在成长过程中必经的阶段，正确认识孩子的行为表现及其背后的心理因素。

（2）保护好孩子的情绪。在欣欣的“反抗宣言”中，我们不难看出，孩子在反抗的同时，其实也是带有某种负面情绪的，即愤怒，说得通俗一点，就是生气了。家长应该知道，生气是对身心健康最具有杀伤力的情绪反应，也是孩子在反抗的同时就产生的情感现象。

家长应该在孩子生气时，用适当的方式引导他们通过正确的途径发泄，并且教会孩子控制好自己的情绪，而不是被情绪控制。当然，家长如果能意识到这一点，就不要把孩子发泄愤怒情绪的方式视为“故意的破坏行为”，也不要轻易开口训斥孩子，更不要剥夺他们心理调节和发泄情绪的权利。家长可以在排除孩子有破坏性行为的前提下允许孩子生气。

（3）面对反抗行为强烈的孩子要讲究策略。心理学家认为，孩子处在心理反抗期，“不听话”很正常，家长如果采取压制的方式教育孩子，只会让孩子的这种心理发生“内攻”，一旦“内攻”，情绪就会长久地积聚在孩子的心里，严重时会让孩子成为一辈子的反抗者或懦弱者。

因此，面对反抗行为强烈、事事都要反抗的孩子，家长既要重视，也要耐心寻找教育的技巧。心理学家建议，家长可以尽量满足孩子“自我”的心理，他想做什么就让他做，只要情况允许，给孩子一个“如愿以偿”的机会也未尝不可。比如，让孩子自己完成一件事情，即使不是很成功，家长也一定要在孩子做完之后夸赞几句，让孩子体验到成就感。

除此之外，家长可能还会遇到很多种孩子“不听话”的情况，下面简单举几个小例子，给那些需要帮助的家长支招。

（1）“我就是要……”这是脾气倔又霸道的孩子经常挂在嘴边的口头禅，他们总是能够准确地抓住家长的软肋，并霸道地要求家长达成自己的愿望。面对这样的情况，家长如果一味顺从，只会纵容孩子，会让孩子变得越来越霸道和不懂事，提出的要求也会越来越不合理，到那个时候家长再去管教，恐怕就有些晚了。

所以，家长不妨制定一些规则，让孩子严格遵守，并且在面对孩子某些不合理的要求时，坚决拒绝，用循序渐进的方式让孩子慢慢接受。假如孩子反应激烈，家长也可以考虑采取禁止他做某件事作为惩罚。如此一来，孩子在提出“我就是要……”之类霸道的要求时，就会有所顾忌了。

（2）“不准碰我的东西，就算丢进垃圾桶里，也不准别人碰。”两岁之后的孩子一般对属于自己的东西特别敏感，哪些是自己的，哪些是别人的，他们心中通常都非常清楚。有些孩子还很排斥与别的小朋友一起分享玩具或食物，即使是自己不喜欢的东西，也一样不允许别人得到。

面对这样的孩子，很多家长都很头疼，“自小就这么自私，长大了怎么办？”千万不要这样说，更不要用“自私”一词去评价他们，家长首先可以询问孩子不愿意与别人分享的原因是什么，找到原因之后再慢慢纠正孩子的做法。比如，用其他玩具来转移孩子的注意力，随后找准时机，引导孩子与自己一起玩，在这个过程中让孩子体会到分享的乐趣。

（3）“这是我的，不许碰！”比如，在幼儿园里，孩子可能对滑滑梯很感兴趣并一直在上面玩，但他们却将这些并不属于自己的东西“据为己有”，并声称“这是我的，不许碰”。这类孩子因为在家中被过度宠爱，在外面时也习惯把自己视为“主人”，凡是自己喜欢的东西，无论是不是自己的，都要霸占。

出现这样的情况，家长或老师可以采用“以其人之道还治其人之身”的做法，让孩子亲身体会一下这种感觉。比如，当他们提出“这是我的，不许碰”的无理要求时，对方可以不予理睬，当孩子发现自己的这类要求总是不能得到满足时，他们自然就懂得如何遵守规则了。

（4）“你不给我？我就抢！”孩子想要某样东西时，会有自己的表达方式，当发现自己的方式不管用时，他们很可能会强行抢夺，心想：“你不给我？我就抢！”动手抢是他们最为直接的索要方式，严重时还会打人、抓人、挠人等。

如果孩子出现这类“不听话”的行为，家长应该立即加以制止，防止其养成不良习惯。同时，家长也应该及时教育和引导孩子，指出这种行为是不对的，并教导孩子想要某样东西时，应该用商量的口气与对方交流。

（5）“我就是想要姐姐手里的那个！”孩子的好奇心很重，他们总是认为别人在玩或在用的东西就是最好的，自己也想尝试，此时往往就会表现出一些霸道行为。而家长在这个时候不能纵容，应该采用拖延战术，尽量用拖延时间的方式来转移孩子的注意力，并与孩子一起发现更加有趣的东西。当然，也可以让孩子经受一些挫折，没有必要事事都顺从孩子的意愿，但事后一定要对孩子讲清楚道理。

第三节　善用技巧，激发孩子的合作意识

捷瑞两岁的时候，非常喜欢用自己胖胖的小脚和家里的狗狗玩耍。有一次，狗狗躺在地板上睡觉，他走过去，伸出肉乎乎的小脚朝狗狗的肚子上“用力”地踢了一脚，然后看着狗狗一惊而醒和不知所措的样子,捷瑞十分欢乐地向母亲莉娜拍手，意思是：瞧我多厉害！在捷瑞的心里，他并不知道什么是“不知所措”，莉娜除了感到无奈，也很庆幸狗狗不会因此而向捷瑞扑过去。

后来，莉娜试图向儿子发出命令，希望他再也不要用脚去踢狗狗的肚子了，一是因为很危险，二是因为狗狗也会很疼。于是，她说：“宝贝，你知不知道这样很残忍？你怎么一点同情心都没有？”结果，捷瑞根本就不加理会，依然我行我素。

一次偶然的机会，莉娜和同事一起参加了一个亲子讲座，那天的主题正好是“父母如何才能让孩子合作”。在这次讲座上，莉娜了解到，两岁的孩子是不知道别人的感受的，孩子如果摔了一跤或者被桌子磕到了，他会用哇哇大哭来表达自己很疼；可他不会想到，当别人或别的生物，比如狗狗，在被踢到时也会觉得疼。显然，孩子这样的行为不是天生的，完全可以由父母来纠正。

事实上，莉娜之前一直以为是儿子的道德品质有问题，但

了解了这一点之后，莉娜感到心里轻松多了。那么父母要怎样来纠正孩子的这种坏习惯呢？是直接点明要害，还是发出禁令？这些都不行，因为一个才两三岁的孩子只要不理解、不懂，也就不会服从，甚至反抗意识强烈的孩子会这么想：你越是不让我这样，我就偏要这样！随后，讲师给在场的家长提出了不少有效的建议。

当天晚上，莉娜怀着忐忑的心情准备依照那些建议尝试一下。当她再次看到儿子用他的小脚朝狗狗踢过去时，莉娜走过去，看着儿子满心欢喜地朝她笑，说："捷瑞，瞧你多开心。可狗狗不是用来踢的，看我……"接着，莉娜就伸出了她纤细的手，在狗狗的背部轻抚了几下。"瞧，狗狗很喜欢这样的感觉，因为很舒服。来，你也试试。"

捷瑞学着母亲的样子，在狗狗的背部抚摸了两下，但心里还是有点不满意。莉娜明白是怎么回事，于是，她说："我们来找找你可以踢点什么吧！塑料球怎么样？还是你更喜欢皮球呢？"这个晚上，捷瑞一直在踢他的皮球，并且越来越开心，因为他发现这有趣多了。

在之后的很长一段时间里，莉娜都会在空闲的时候蹲下来轻抚狗狗的背部，捷瑞看到之后也会模仿，渐渐地，他再也不去踢狗狗的肚子了。不仅如此，捷瑞对待其他的动物也十分温和，他常常在抚摸狗狗时问莉娜："妈妈，你也是这样抚摸我的脑袋的吗？"

孩子的某些“不听话”的行为并非是道德问题，家长如果了解了这一点，就能够找到很多方法来教育和引导孩子。但是要注意，当你确定了要采用什么样的方法之后，你就需要不断地使用，用亲身行动来为孩子树立模仿的榜样。

家长要鼓励孩子与自己合作，在这个过程中需要讲究一些技巧。

（1）不要用批判的语气，而是要用描述的语气说出你所看到的或者是你的感受。比如，“你怎么总是记不住我说的话？把用过的杯子放回原地！”“把脏衣服放在洗衣桶里，你是不是不会？”“厕所的灯要关掉，你没长脑袋吗？”……这样的管教方式只会让孩子产生抵触心理，孩子可能会在心里想：“一个杯子都比我重要。”“我偏不放进去！随你怎么说。”“说我没长脑袋，那我就不长了！气死你。”所以，家长这样说可能会更好：“瞧，杯子还没有回到它原来的位置呢！”“孩子，脏衣服应该放在洗衣机里。”“厕所的灯没关。”

（2）不要责骂，而是给出你的提示。比如，“我说过让你带着午饭去学校，你的心被狗吃了吗？记性这么差！”“这么简单的问题都不会，你是猪吗？”“你吃饭发出的声音真让我恶心！”……这种带有谩骂性质的说话方式，真的很难不让孩子伤心，更重要的是，孩子会这样想：“你太过分了！”“对，我就是猪！”“我讨厌说我恶心的人，讨厌！”所以，家长这样说可能会更好：“孩子，不带午饭，你中午可要饿肚子了。”“脑筋急转弯就是要用另外一种思维方式来想答案。”“吃饭的声音太大会影响别人进餐的。”

（3）不要评价孩子的人格，而是说出你的感受。比如，“知不知道你很自私，还想霸占厕所多久？”“你太懒了，从来都不主动帮我收拾桌子。”“你真是太没有礼貌了，总是打断我说话。”……这样轻易地对孩子的人格做出评价，不仅打击孩子的自尊心，而且还给孩子贴上了“不好”的标签，不利于孩子的身心成长，也达不到家长预期中的效果。所以，这样说可能会更好：“大家都不喜欢迟到，三个人都在等你！”“如果你愿意主动来帮我收拾桌子，这样我会非常开心的。”“我的话还没说完的时候，如果有人打断我，我会很不高兴的！”

（4）不要长篇大论，而要采用简单明确的词语。比如，“天哪！你们又这样，我说过什么？我说过必须在睡觉之前洗脸刷牙的，结果呢，居然骗我！如果你们下次还这样，小心我拖你们出去！”……如此一大段话，想必孩子根本就不想听，更找不到重点在哪里。所以，这样说可能会更好：“孩子们，刷牙洗脸！”

第四节 祖母法则，和孩子“签协议”

秀月十二岁的时候就开始追求时尚的东西，她喜欢穿带有破洞的牛仔裤，宽松得夸张的T恤衫，还喜欢戴着一顶压得非常低的鸭舌帽，将双肩包斜背着，嘴里嚼着口香糖。可秀月的母亲接受不了这种时尚，她觉得这很邋遢。她几乎每天都会唠叨，让秀月不要这么穿，但一点儿效果都没有。

有一次，母亲发现女儿早上穿着出门的新牛仔裤回来时就变了样：膝盖部位有一个洞，好像是被什么东西划的，裤脚的地方也出现了很多像胡须一样的线状物。母亲简直不能接受，那是前段时间刚买的新衣服，怎么就破成这样了？于是，母亲拉住秀月，质问她这是怎么回事儿。“你懂什么，这是时尚！”秀月说完就扭头回屋去了，留下她一个人待在原地，“这孩子……怎么成这样了？”

吃饭的时候，母亲决定找女儿好好谈谈，而当她进屋准备叫女儿吃饭时，却发现秀月正在床上“加工”一件衬衫！她立刻飞奔过去，试图阻止女儿不要再这么糟蹋衣服，“你在干什么？这件衣服是新的，你这样会把它弄坏的！怎么这么不爱惜衣服？”接着又对秀月说教了一番。结果，秀月根本不为所动，继续着她手里的工作，嘴巴里还念叨：“进屋都不敲门，知道什么叫隐私吗？”

“是，我不懂，我什么都不懂！现在你说什么就是什么了，哪轮得到我说话？”她一气之下，终于爆发了，摔门而出。“瞧瞧，又来劲了！我说什么了？你确实不懂嘛！”那天晚上，秀月和母亲没有说一句话，房间里弥漫着火药味。

第二天，秀月带着零花钱出门上学了。而她妈妈其实自昨晚摔门而出之后就非常后悔，本来已经决定要和女儿好好谈谈了，没想到还是没有控制好自己的情绪。秀月走后，丈夫也接着出门了，她自己待在房间里，想了很久。后来，她决定下班后开车去接秀月，顺便观察一下她周围的同学都在穿什么。然后，她看到了很多比秀月穿得更“夸张”的女孩。路上，她对坐在后座的秀月表明了自己的态度,并趁机向女儿提出了条件。

“孩子，我首先就昨晚的事情向你道歉。”

“噢，我忘了。”

“我想说，从今天开始，以后你喜欢怎么穿就怎么穿，我不再管你了。”

“妈妈，这是真的吗？”

“是的。”

“太棒了！”

“但是，我有个条件。就是我们一起出门的时候，比如逛街、去看望长辈时，你要穿得像样点，规规矩矩的。”

“……”秀月迟疑了，有点不情愿。

“你不觉得这样你比较划算吗？因为我让步了99%，而你只需要让步1%。”

“好吧，妈妈，我们就这么说定了。”秀月想了想，最终很爽快地答应了母亲的条件。

从那天开始，母女俩之间就形成了一种默契，好像签了一份双方都乐意执行的协议。之后，不管秀月每天早晨穿什么衣服去上学或出门与朋友聚会，将衣服“加工”成什么样，母亲都没有再去过问，因为她发现女儿的时尚穿着也并没有超出审美界限。当秀月需要和母亲一起去其他亲戚家时，她也会很自觉地穿上比较得体、规矩的衣服。母女俩再也没有因为穿衣服的事情而闹出不愉快。

1959年，普雷马克做了一个实验。他找来一群孩子，让他们在两种活动中选择一种：玩弹球游戏机或者吃糖。有的孩子选择了前者，有的孩子选择了后者。有趣的是，对那些喜欢吃糖的孩子来说，如果把糖作为强化物，便能够增加其玩弹球游戏机的频率，而对那些喜欢玩弹球游戏的孩子来说，把玩弹球游戏作为强化物，便可提高其吃糖的数量，也就是说，用比较喜欢的活动来强化其不太喜欢的活动。这一发现被称为“普雷马克原理”，后来被译为“祖母法则”，即想要A，除非B。例如，要想吃牛肉，除非先吃青菜。

在上面的案例中，秀月的母亲对女儿“爱潮、爱时尚”的做法和穿衣风格接受不了，无数次的唠叨、管教，甚至大吵都无济于事，直到看到那些比女儿更为“出格”的穿衣风格，她才找到正确的方法。换句话说，家长要想有效管教孩子，纠正其不良习惯，首先得了解孩子，然后再用孩子喜欢的东西来强化其不太愿意接受的东西。

家长在教育孩子的过程中，如果孩子不够听话，大可不必又打又骂，更不用生气，可以运用“祖母法则”，巧妙地和孩子“讲条件”。比如，你的孩子喜欢看动画片，但每次都因此而耽误写作业，此时，你可以这样说：“要想看你的动画片，那就先把作业完成，完成之后我就不再管你。”坚持一段时间之后，孩子就会养成先写作业再看动画片的习惯了。

再如，老师发现学生们总是不能按时完成作业，但非常喜欢听他讲故事，那么，这位老师可以这样说：“同学们，如果你们每个人都按时交作业，那我每天都给大家讲一个故事，好不好？”或许刚开始，学生们是为了听到有趣的故事才按时上交作业，但时间一长，学生们就能养成按时交作业的习惯了。

总之，这样的例子在日常生活中有很多，需要教育者做个有心人，及时、准确地发现孩子对什么比较有兴趣，对什么不是很感兴趣，然后就可以采用“祖母法则”了。

“祖母法则”对于小一点儿的孩子会更有效；对于大一点儿的孩子，可以采用改进版本的“祖母法则”，即采用定协议的方式。家长可以在协议里提出自己的要求，但不要忽略了孩子的意愿。在这份协议中，家长要给孩子自己做主的权利，比如，孩子做到了家长提出的某一条规定时，有权利要求家长给予奖励，只要不过分，家长都要尽可能满足，这会使孩子感受到协议带给自己的好处并乐意去执行。因为协议是双向的，任何一方都有赢的机会。

许多教育专家都曾提到过，教育孩子其实主要是培养其习惯，孩子养成一个良好的习惯，对其一生都是受益无穷的。那么如何才能让孩子养成好的习惯呢？其中一条关键的措施就是“定协议”。这不仅有助于培养习惯，更可以缓解孩子的反抗行为，消除争端。但有一点必须明确，家长要在孩子执行协议之后方可给予其想要的奖励，避免在之前奖励，也不要一听到孩子抱怨或反抗就放弃，这对今后的教育是十分不利的。

事实上，在每一个家庭中，家长与子女之间有一份“协议”，都是必要的。比如，孩子做不做家务、孩子的课余时间怎么安排、孩子打游戏的时间和写作业的时间如何分配、孩子的零花钱该怎么支配、孩子放学后该在几点之前回家等。这就好比一个国家的法律，当大家都有了一个需要共同遵守的约定时，家庭才会更加和谐。

当然，很多家长还是习惯采用一贯的言语教育，总是在孩子耳边说教、唠叨，孩子不听，就接着说，直到说到孩子听了为止。但最后，这些家长还是会发现，他们所说的孩子根本没听进去，过不了多久还是要“重蹈覆辙”。而“协议”就不一样了，在孩子的眼里，它可能更具有权威的力量和执行的效力，家长和孩子一起通过行动来执行协议，远比天天跟在孩子屁股后面唠叨要省心得多。不过，“协议”也并非是全能的，或许它可以帮助你解决教育孩子过程中所遇到的 60% 的问题，而剩下的 40% 还是需要家长的智慧“临时解决”。

第五节　专家支招，告诉家长“怎么办”

一、面对挑食的孩子，家长该怎么办

凡凡越来越挑食了，并且吃起零食来没完没了，每次一到吃饭的时候，就开始各种“扭捏”，要么说自己不饿，要么就说饭菜不好吃。每次父母都哄凡凡吃饭，只希望他能够把一碗饭吃完，可凡凡就是不吃。家长恨不得天天跟在他的身后，到处追着、求着他吃口饭。

孩子挑食背后是有原因的。一方面是家长的宠爱过度，孩子平时想吃什么想喝什么，家长毫不含糊，大包小包的零食准备了一屋子，在孩子喊饿时，零食马上就拿出来了。饭前吃零食无疑会降低孩子的食欲，而饭后的零食则成了孩子不好好吃饭的一种“补救”，孩子会想：“反正一会儿饿了还有零食呢！”还有一种情况是，在吃饭时一家上下全部都围着孩子转，举着饭碗讨好孩子，这就让吃饭本身失去了原有的意义，孩子的注意力完全由饭菜的味道转移到了其他事情上。另一方面是家长为孩子准备的饭碗太大，每次都盛满一大碗饭菜，但孩子食量毕竟有限，每次都吃不完会给孩子带来挫败感，也会令孩子失去吃饭的兴趣。

找到了原因，各位家长也就找到了解决问题的办法了。

（1）家里不要准备过多零食和饮料。当孩子发现自己不好好吃饭，饿肚子却没有其他东西可吃时，他们自然不再挑食了。

（2）规定每次吃饭的时间。要求孩子必须在规定的时间内把饭吃完，如果不吃，不管之后有多饿，都要等到下次开饭才能吃东西。家长要严格遵守这一点，孩子知道了规定，就知道好好吃饭了。

（3）定下吃饭的规矩。在饭桌上孩子只许坐在固定的位置上，不许乱跑，而家长也不要抢着给孩子喂饭。

（4）给孩子使用小一点的饭碗。用小碗盛装饭菜，孩子能很快吃完，这会刺激其产生成就感。家长也可以在一边鼓励孩子：“宝宝真能干！”当孩子受到鼓励时，他自然会越吃越高兴，可能还接着再吃一碗，从此饭桌就成了他寻找成就感和自豪感的地方，家长就不用担心孩子挑食、不吃饭了。

二、孩子爱顶嘴，家长该怎么办

有研究发现，爱顶嘴的孩子更灵活，想法也更有创意，未来的发展会更加多样化。而曾发表于《儿童发展研究》期刊上的一项研究更是推翻了广大家长关于孩子顶嘴的成见。

美国弗吉尼亚大学的研究人员对 157 位来自不同文化背景和社会背景，平均年龄为 13 岁的青少年展开调查，对他们日常生活中和家长交流时出现争执的情况进行了了解和记录。

三年之后，研究人员再次对这些孩子进行了调查了解，发现那些与家长起较多争执的孩子与那些不怎么与家长争论的孩子相比，他们更加自信，也更善于采用合理的观点来支持自己的看法，并且在生活和学习中他们也更具有排解负面压力的能力，意志力坚定，对不良诱惑的抵制力要比不怎么与家长争论的孩子高出 40%。

研究人员解释，孩子“顶嘴”，其实正是其在“实地演练”如何与人讨论和谈判。这能激发孩子的自主意识，使其更愿意开动脑筋，积极思考，懂得维护自己的利益，也更有益于孩子今后的人际交往和沟通能力的发展。但这并不是在鼓励孩子“顶嘴”，而是在提醒家长辩证地看待孩子的这一行为，同时也警示孩子，“顶嘴”不能过分，不能不讲道理，切忌使用威胁、告状、无理取闹等不良的方式，否则，家长有必要及时给予制止和惩戒。

小裴的儿子裴浩今年三岁半，小裴发现最近这半年时间里，自己只要一和儿子说话，十句话里面至少有八句他都要顶回来，和他妈妈说话时会顶嘴得更厉害。不仅如此，幼儿园的老师也向他们反应，说裴浩现在嘴巴越来越厉害了，不管老师说什么，他总能回上两句。小裴夫妇也不止一次地对孩子下命令：“不准再和任何人顶嘴！”但裴浩就是不肯改。

其实，“顶嘴”是孩子反抗行为的一种，三四岁的孩子正处于独立意识发展期，他不满足于被人压制，不满足于对成人的模仿，而是要求独立，证明自己。加上家人无微不至的呵护，干涉的领域过多，就会导致孩子的反感情绪越发激烈，于是，在和大人对话的过程中，他便会采用“顶嘴”的方式来反击。这样的孩子一般都不听指挥，我行我素。

遇到这样的情况，首先，家长应该检讨一下自己的行为习惯。因为有些孩子爱顶嘴其实是在模仿大人，家长之间的矛盾、争执其实都会让孩子受到影响。其次，家长可以用明确的目标来激励孩子。比如，“宝宝今后不是要做一个很有绅士风度的警官吗？警官可是不会跟人拌嘴的”。然后，家长要在孩子面前树立威信，说一不二，孩子才不会轻易顶嘴，但切忌利用自己的威严去逼迫孩子，因为强硬的态度只会使孩子产生逆反心理。最后，家长不妨让孩子看到自己任性的后果，如你让孩子出门带伞，因为天气预报说下午有雨，但孩子却顶嘴说：“不带，天气预报根本就不准！”那你就任由孩子不带吧，等到下雨了，他自然就会后悔当初不听话了。

三、孩子习惯拖拉，家长该怎么办

天天在当地的一所小学读二年级，自读书以来，家长就发现天天有个很不好的习惯——拖拉。今天的家庭作业，她不到最后关头是不会写完的，早上起床穿衣服，也要用上二十几分钟。而天天的母亲是个性子比较急的人，她看着孩子不紧不慢的动作，急得团团转，想上去帮忙，天天又不肯，非要自己穿，多次差点误了学校的班车。

如今的孩子可谓是生活在蜜罐里，被爱包围，全家人都围绕着孩子转。很多家长平时过着节奏非常快的上班族生活，在他们的眼里一切都是紧迫的、迅速的，有时稍有懈怠就可能会错过最后一趟早班车，继而迟到，被扣除整个月的全勤奖。而孩子是不懂这些的，他们不紧不慢，自由自在地晃悠着，却急坏了他们身边的家长。

当然，孩子爱拖拉肯定是个非常不好的习惯，身为家长，确实应该帮他们及时纠正。但很多情况是，家长越着急、越催促，孩子反而越不在乎，导致孩子在家长的眼里变成了“不听话”的孩子。那么，既然催促没有用，何不放任一下？也就是说，当你某天早上发现孩子在动作缓慢地穿衣服，你不要去催，顺其自然，等到孩子因此真的误了学校的班车，他便会意识到拖拉给自己造成的负面影响。换句话说，给孩子一次吃亏的机会也是好事。

四、孩子只愿意穿名牌衣服，家长该怎么办

十岁的昊宇不仅追求时尚，还追求名牌，名牌成了他眼里时尚的代名词。有时候，他还会自己去逛街，在店里自己搭配衣服，而当昊宇穿上那些酷酷的名牌服装时，他看起来确实很像个小童星。但是，昊宇毕竟才十岁，这么小就开始追求名牌，这是家境一般的家长接受不了的。即便家庭经济条件许可，不

少比较有原则的家长也不允许孩子这样。

于是，很多家长便想尽办法来阻止孩子——不给孩子买名牌衣服，也不给他们那么多零用钱了。可是，问题依然得不到解决。孩子会表示反抗，也会用其他的方式与家长敌对，结果，孩子不开心，一家子都不开心。孩子会想："为什么大人就可以追求名牌、追求时尚，他们去逛街买衣服，而我们小孩子就不可以呢？这分明就是不公平的！""我也有我的审美观，他们这样是压制我的追求！""小孩怎么了？小孩也有追求美的权利啊！"

事实上，孩子的这些愿望和需求都是合理的，只不过他们是通过一种不太容易被接受的方式表现出来了。身为家长，如果反复说教都没用，不妨尝试让孩子自己去搭配服装、追求他们想要的名牌好了。但同时家长需要给出限制，替孩子把握好尺度，就像"签协议"一样。

比如，家长可以规定每个季度给孩子买衣服的费用为 700 元，只要不超过 700 元，孩子就可以自由地挑选自己喜欢的名牌衣服。注意，定了 700 元就是 700 元，不要破例。这样孩子便会自行计划——一件 ×× 牌的上衣是 220 元，裤子是 200 元，鞋子是 180 元，一个 ×× 牌的双肩包是 310 元，那么 700 元就不够用了。好吧，那我买一个中档品牌的，这样就可以一次性买全了。如此一来，家长帮忙控制好了度，孩子也在这个过程中学会了如何"省钱"。

第七章

语言风暴——建立家庭语言系统

家长有没有想过，自己说出口的话会给孩子带来什么影响？其实，在一个家庭中，语言的交流是最为直接的沟通方式。当家长在餐桌上教训孩子时，孩子的内心有什么想法？为什么有那么多孩子开始“厌食”？当家长批评孩子自私时，孩子难道没有想过要反抗吗？什么是暴力沟通？家长总是采用暴力沟通的方式与孩子交流，会给孩子带来哪些负面影响？

第一节　餐桌上的教育风暴

一、不要在餐桌上教训孩子

某个周一的午后，校园里充斥着学生琅琅的读书声。就在这洋溢着浓浓学习氛围的校园中，教学楼二楼的第一间教室里忽然传来了一声呼救："有学生晕倒了！"同学们被吓到了，正在上课的老师来不及摘下老花镜，迅速将晕倒在地的陆璐同学抱到医务室，班主任也第一时间通知了她的家长。经诊断，医生确定陆璐是因血糖过低而昏倒。

陆璐苏醒过来后，老师和同学们都松了一口气，但她看起来还是十分虚弱，脸色苍白。老师关切地问道："璐璐，现在感觉好点没？"不问还好，这一问就把陆璐给问哭了，她的眼泪像决堤的洪水一样往外涌："老师，我好饿……我一天没吃饭了。"而此时，陆璐的父亲也赶到了学校，看到女儿狼吞虎咽地吃着老师刚从超市里买回来的饼干和酸奶，他后悔极了。

原来，陆璐就住在离学校不远的小区内，和其他寄宿学生不同，她每天都可以回家睡觉，中午也可以回家吃午饭。这天早上，陆璐因为赖床晚起了十分钟，被妈妈说了几句，赌气没有吃早餐就来学校上课了。她本想中午回去好好吃一顿，没承想在饭桌上，爸爸数落她不吃早餐的习惯不好，并要求她以后按时起床，而一边的妈妈想起早上女儿和自己赌气的事，也忍不住说了几句。

一心想吃饭的陆璐烦躁起来了，“哎呀，我知道了，真啰嗦！”这下父亲便火了，还把陆璐上学期期末考试成绩退步的事情翻了出来。父亲和母亲你一言我一语地说着，陆璐被训斥得眼泪直流，眼前的饭菜再香也吃不下去了。最后，陆璐胡乱扒拉了几口，便找了个理由背着书包去学校了。而那时正是午休的时间，陆璐硬是在走廊里蹲了近一个小时。

这次经历过后，陆璐的家长决定改变教育孩子的方法，以后不管陆璐犯了什么错，他们在饭桌上也没有教训过她。而老师也建议他们应该选择一个适合的谈话时间，比如在饭后大家都感觉很轻松的时候，并尽量避开情绪愤怒的阶段。

事实上，和陆璐有相同经历的学生并不在少数，白天家长都忙着上班，孩子也要上学，双方很少有机会交流，而只有在吃饭时，全家才得以坐在一起。所以，不少家长都将此视为沟通的最佳时机，但往往会引发餐桌上的“语言风暴”，家长一句接着一句的唠叨或批评，使孩子无心吃饭，更无心听取劝告，结果总是闹得不欢而散。

“上次考试考了多少分？”“今天在学校表现怎么样？”“这个月的零花钱怎么又超支了？”“你每天去学校都干什么了？考这点分回来！”……据了解，某心理卫生中心每个月都会接到来自学生的咨询，其中大部分学生都表示，他们经常在餐桌上收到来自家长的“拷问”，有些孩子说自己很羡慕一家人坐在一起其乐融融吃饭的场景，爸爸妈妈会给孩子夹菜，大家脸上都是笑容。

中国青少年研究中心对全国六大城市中的2500名中小学生进行了调查，发现其中有超过一半的学生抱怨家长喜欢在饭桌上教训他们。针对这种现象，教育专家特别指出，饭桌上的“批评式教育”很容易激起孩子的厌烦情绪，有些孩子不敢反驳，只好将不满和烦躁的情绪压抑在心里，长此以往并不利于孩子的身心健康，也有些孩子反驳后会遭到家长更为强烈的指责。如果孩子一边用餐，一边心里赌气或者是抽泣，非常容易将食物吞进气管中去，引起强烈的呛咳，严重时可能会导致呼吸受阻，危害生命。

良好的餐桌文化氛围有助于家人身心放松，对孩子的生活和学习也能够起到积极的作用。但餐桌如果变成了教育孩子的场所，那么这不仅违背了教育的宗旨，更会对孩子的身心造成不利影响。因此，家长教训孩子应该讲究时间和地点，餐桌是其中的一大忌讳之地。

二、餐桌上的教育秘籍

既然不能在餐桌上教训孩子，那么家长在餐桌上究竟该和孩子说些什么呢？如何才能给孩子营造一个轻松的进餐环境？

（1）研究表明，家长在饭桌上应该多了解孩子的内心感受，引导孩子与自己分享在学校里的趣事。不要过多地去询问孩子表现好不好、在学校听话不听话，或者将孩子的过错揪出来放在饭桌上讲，要注重孩子成长的心理过程，而不是过分看重结果。

（2）限制孩子进餐时的活动范围。为孩子准备一个固定的座位，最好是孩子喜欢的，每次吃饭时家长可以提醒孩子坐在自己的位置上吃饭，不准乱跑。

（3）诱惑孩子。母亲做好饭菜之后，可以夸张一些说："哇，今天的饭菜好香啊！"以此来刺激孩子的食欲。

（4）拓展孩子的知识面。对于小一点儿的孩子，家长可以在吃饭时教他们认菜，比如盘子里的菜是什么，在还没做好之前是什么样子等，并教会孩子说出菜名。聪明的家长还会给每一道菜都取一个好听的别名，让孩子一听就想吃。

（5）培养孩子文明的吃相。细心观察，你会发现，每一个孩子都有自己的吃相，而每一种吃相背后都隐藏着不同的家庭文化和教育环境。有的孩子喜欢趴在桌子上；有的孩子吃饭时会发出很大的响声，使人心生厌烦；有的孩子看到自己喜欢吃的菜，会一个劲地往自己碗里夹，全然不顾饭桌上其他人的反应；也有的孩子一边吃一边说话，唾沫横飞；还有的孩子把筷子伸进盘子里，弄得一盘菜"翻江倒海"……而其家长却见怪不怪，习以为常。这其实就是饭桌教育的失败了。所以，家长要在饭桌上培养孩子文明的吃相，首先要以身作则，发现孩子不好的行为时，要及时制止和纠正。

家长可以向孩子明确指出用餐时的礼仪和应该注意的细节，例如，正确使用筷子；不用筷子乱指人；吃饭时保持饭桌清洁；不用自己的筷子随便乱翻盘子里的菜；等嘴里没有食物了再说话等。总之，孩子吃饭时的礼仪应该从小培养，家长做出正确的示范，为孩子做出榜样的同时，也要严格监督孩子的吃相。

（6）培养孩子的感恩之心。感恩之心是一切道德的根本，家长可以在餐桌上教育孩子珍惜粮食、拒绝浪费的美德。

（7）做孩子孝敬长辈的榜样。孩子在餐桌上的行为表现首先来自家长，他们会效仿家长的一言一行。因此，家长可以先做孩子的表率，吃饭前给长辈端椅子、拿碗筷，吃饭时将好吃的先端给长辈品尝；如果家里有兄弟姊妹，有好吃的也不可吃独食，引导孩子学会和家人一起分享。

（8）允许孩子做他们想做的事。有些孩子喜欢在吃饭时用勺子或筷子敲击饭碗，许多家长表示反对，当孩子反抗时，他们就采用比较粗鲁的方式制止。其实，如果孩子真的很想玩这样的游戏，那就告诉你的孩子："现在是吃饭时间，一定要好好吃饭，等吃完饭了，我们大家一起来玩这个游戏，怎么样？"这样既提高了孩子吃饭的兴致，也维护了亲子关系，让孩子享受到了另外一种快乐。

（9）引导孩子表达内心。孩子的快乐是家长的追求，与其在饭桌上谈一些影响彼此感情和吃饭气氛的话题，不如用这个机会来了解孩子的内心世界。在饭桌上，家长需要做倾听者，而非“驯兽师”。多聊一些积极、开心的话题，引导孩子谈论自己，这要比针锋相对式的教训好多了。

（10）餐桌话题最好交给孩子来发起。如果家长抛开了“一定要在餐桌上好好教训孩子”的观念，那就可以把餐桌上的交谈话题适时地交给孩子，孩子对什么感兴趣，就让他们谈论，家长可以做倾听者，引导孩子“高谈阔论”。这样不但有助于培养孩子的语言表达能力，家长也可以在这个过程中更加全面地了解孩子的内心世界，同时又活跃了餐桌上的气氛，对全家人的身心健康都是十分有益的。

（11）避免在餐桌上说这些话。一些年龄比较小的孩子，家长为了让他们吃饭，可谓是好话说尽，可效果却并不是那么理想。其实，在餐桌上许多话是不能说的。比如，“今天又不吃”“我做的青菜你怎么又不吃”，这些话在家长看着孩子碗里剩下的饭菜时往往会脱口而出，殊不知这样的念叨最容易让孩子觉得厌烦，对吃饭失去兴趣。

所以，家长要看到的不是孩子没吃的，而是孩子已经吃了的，并且给出夸赞，如“今天真棒，吃了不少豆角”。此外，家长也不要说“再吃点”“多吃点”之类的话，尤其是当孩子表示自己已经吃饱了的时候，否则家长说得越多，孩子就越是反抗。

总之，家长要教育孩子而非教训孩子，总是在饭桌上批评、指责、质问，对孩子来说是一种变相折磨。而如果家长换一个角度，在饭桌上给孩子一些特殊的教育，效果会更好。

下面，介绍英国、美国的一些有益的餐桌教育供家长借鉴。

（1）英国式餐桌教育。英国人将餐桌视为教育的主要场所之一，并将餐桌教育分成三个层面：进餐礼仪、进餐习惯、环保意识。

在进餐礼仪方面，家长主要是教育孩子如何有礼貌地进餐，如果与客人同桌该如何进餐和与其交谈。这类餐桌教育不仅锻炼了孩子的个人能力，还提高了孩子的个人素养。

在进餐习惯方面，家长从孩子坐上餐桌的那天起，就引导和鼓励他们如何给自己夹菜，如何有教养地进食。这有助于孩子独立人格的形成，而不是需要大人在旁边说“多吃点”或“吃慢点”。

在环保意识方面，家长会引导孩子学习区分哪些是环保餐具，哪些塑料盒会引起环境污染等，并要求孩子尽量使用对身体健康有好处的环保餐具；同时，家长还会教导孩子怎样对厨房垃圾进行分类；此外，孩子也会从小接受节约用水的教育，养成良好的用水习惯。

（2）美国式餐桌教育。美国人较注重培养孩子的独立思维能力，而这种培养是贯穿在生活中的方方面面的，尤其是在吃饭的时候。他们认为，孩子在进餐时，自己喜欢吃什么，或者不喜欢吃什么，是不是吃饱了，这些必须由孩子自己决定，家长不参与。

假如孩子因为贪玩而没有吃饱，那他最后就只有挨饿的份儿。在下一顿饭开始之前，家长不会再给孩子任何进食的机会，因为这是孩子当初的选择，所以必须由他自己来承担后果。因而，当孩子品尝到苦果后，他自然就不敢再犯了。

马歇尔·杜克是美国埃默里大学的心理学教授，他曾领导执行“家庭讲述计划”，花了三年的时间来研究四十个家庭。在这些家庭中，每一家都有一名年龄在九岁至十二岁的青春期前的少年，研究主要针对的是餐桌上的谈资及其种类。研究发现，谈论家族史或发生在家庭中的故事对教育孩子能够起到非常重要的作用。比如，家长可以告诉孩子他们的祖父祖母分别是哪里人，两人如何相遇相识相爱，等等。

家长在饭桌上谈论或讲述他们的家族故事，不仅能培养孩子的自信心和自尊心，也能使孩子更了解自己的亲人，从而越来越懂事。同时，家长如果与孩子开诚布公地讨论诸如亲人离世之类的负面事件，也非常有利于培养孩子良好的适应能力，促使孩子学会如何在生活中找到应对某些困难的方式，提高自控能力，并且更勇敢地面对逆境。

三、餐桌教育风暴

事实上，只要家长有心，生活中的每一个细节都可能成为教育孩子的绝好机会，把握住这些机会，不但可以避免餐桌上的教育风暴，而且会使教育效果大大改善。那么，哪些时候是最适合教育孩子的呢？

（1）当孩子犯错并意识到自己错误的时候。平时，即使家长再语重心长，孩子可能也不会听得进去，甚至还会认为是家长在没事找事。而一旦孩子得知自己犯了错，家长如果能抓住时机，恰到好处地给予提醒和教导，让孩子在错误中醒悟和积累经验，那么效果则会非常明显。

值得注意的是，在孩子犯错后，家长要以纠正和鼓励为主，明确指出其错误的地方，以尊重孩子的自尊心为前提，千万不能动辄一通打骂，也不能不断絮絮叨叨地数落。这样才有助于孩子认识到家长说得有道理，也会更深刻地认识到自己的错误。

（2）和孩子一起做家务活的时候。当家长和孩子一起做家务劳动时，孩子可以模仿家长学习一些简单的家务活，同时也能够在身体力行的劳动中感受到家长的艰辛和做事的态度，进而影响孩子今后做人做事的方式。当彼此在共同合作中关系变得和谐时，交谈也会变得容易进行。但家长切忌说一些大道理，要用间接婉转的方式将观点灌输给孩子，并让他们在实践中自己感悟出来，否则孩子还是会认为家长是在找机会教训自己。

（3）带孩子出门旅行的时候。家长带孩子出去游玩，让孩子有更多的与外界接触的机会，能帮助孩子在实践中成长。现实生活中有很多做人做事的道理，孩子可以自己去体悟，家长也可以在必要的时候做出提醒和引导。这种寓教于乐的教育方式不仅能够产生良好的效果，而且有助于改善亲子关系。

第二节　别让孩子的幸福终结在你的嘴上

一、不要轻易说孩子“自私”

今年三岁的倩倩在妈妈的眼里是个十足的“自私鬼”，比如有一次，她做了一碗倩倩最爱吃的糖醋排骨。吃饭的时候，当一家人都围在桌子前时，倩倩说：“这个是我的，你们都不要吃。”女儿的话，她原本没有放在心里，但在吃饭的时候，她刚伸出筷子要去夹一块糖醋排骨，倩倩就哭了起来。没办法，为了让孩子好好吃顿饭，她赶紧哄道：“倩倩不哭，瞧，我是要夹给你呢。”

还有一次，爸爸喂倩倩吃草莓，本想逗逗她，培养孩子的分享意识，便说：“倩倩，喂爸爸吃一颗好不好？”夫妻俩都等着女儿高兴地点头，结果，倩倩却连连摇头说：“倩倩爱吃。”夫妻俩在失落之余，也对女儿的自私行为颇感担忧。类似的事情在日常生活中还有不少，比如，在奶奶需要休息的时候，倩倩还是会拉着她不放，妈妈对她说：“奶奶累了，需要休息。明天再给你讲故事。”但是倩倩听了之后却更加起劲了，坚持说自己不累，妈妈生气了，骂道：“倩倩，你怎么这么自私，太晚了，奶奶需要休息了！”倩倩看看妈妈，依旧不依不饶。最后，奶奶不得已又讲了一个故事，倩倩这才松手，让奶奶去睡觉。

妈妈很担心，孩子将来是要走向社会的，在家里自私一点，家人可以包容，但以后在外面，谁忍受得了？一直以来，夫妻俩都很希望女儿能学会分享，可倩倩为什么还是这样自私呢？

孩子在生活中多多少少都有点“小自私”，尤其是年龄偏小的孩子。案例中倩倩的母亲希望培养女儿的分享意识，但孩子却朝着完全相反的方向发展了，这是为什么呢？其实，三岁之前孩子的心理发展特征就是“以自我为中心”的。

瑞士心理学家让·皮亚杰指出，儿童在前运算阶段，即两岁到七岁，是处在一个“自我中心阶段”的。这种“自我中心”的表现实质上并非是自私，只是孩子在这个阶段尚不具备足够发达的认知水平，还没有能力区分自己的需求和他人的需求，所以也就不能理解自己和他人的一些想法。他们会时常将别人理解为自己的一部分，从而表现出一些“自私”的行为。

三岁的倩倩总是认为自己喜欢的就是属于自己的，别人不能碰，也认为自己想要的就一定要得到，不管别人感受如何。母亲的偶尔压制并不能阻止倩倩的探索之路，反而会激发孩子愤怒、怨恨和压抑的情绪。虽然“自私”是孩子发展到一定年龄阶段时自我独立意识的一个表现，是受孩子的本能驱使的，但在这些行为的背后也少不了家庭环境的原因，尤其是对一些年龄稍大一点的孩子来说。

针对倩倩的情况而言，首先她是独生女，和现在很多家庭一样，独生子女享受到的往往是众星捧月般的呵护，生活在温室和全方位的爱护中。但从长远来看，这样的孩子很容易养成“唯我独尊”的个性，自私在所难免。其次是老人对孩子的“隔代亲”，更容易使孩子养成“自私”的特点。在这样的环境中，很难培养孩子换位思考和体谅他人的意识。

当发现孩子有“自私”表现时，家长也要审视自己是否是自私的人。也就是说，家长无意识中的自私言行很有可能给孩子造成了不良影响。因为言传不如身教，如果家长之间相处融洽，愿意为对方考虑，而非斤斤计较，对待长辈也懂得体谅和尊重，那么孩子也会在无形中受到感染，效仿家长的言行。

此外，优越的物质生活条件也是滋生自私行为的因素。如今人们的生活条件越来越优越，家长常常以孩子的物质生活需求为中心，力求给孩子提供一个好的成长环境，恨不得把一切美好的东西都给孩子，但家长却忽略了这样会带给孩子的不良影响。从长远的角度来看，家长在不断地满足孩子的所需所求时，其实是助长了孩子的自私、霸道。比如，孩子之间的盲目攀比，家长不但没有反对，反而还会给孩子更好的。

在这个案例中，我们还应该注意到的一点是，倩倩的自私行为曾被妈妈当面评价为“自私”。虽然倩倩未必完全懂得这个词语的内涵，但假如家长一直用这个词来评价倩倩，那她便会对这个词印象深刻，最后可能会真的朝着自私的方向发展。所以，家长不要轻易地评价孩子“自私”。那么，家长应该怎样运用正确的方式让孩子的“自私”变为“大方”呢？下面是教育专家给出的几点建议。

（1）家长调整心态，给予孩子理解和帮助。家长培养孩子的分享意识，这是值得肯定的，但如果像倩倩的母亲那样，一发现孩子有小自私的行为，就表现出失落、担忧，甚至是用“自私”这样的字眼来责怪孩子，是很难真正培养出懂得分享的孩子的。专家建议，家长首先要了解清楚孩子所在年龄段的心理发展特征，对孩子的行为有充分了解之后，才能发现孩子行为中的合理部分，然后接纳它们。在此基础上家长再去帮助孩子逐步改善，从生活细节中培养其分享意识。

（2）重在培养。家长接纳了孩子符合其年龄特征的“自私”行为之后，也不能忽略了分享意识的培养。平时可以像倩倩妈妈那样，提醒孩子在吃东西时分给身边的人，在孩子提出要求时提醒他要考虑身边人的感受等。在日常的语言交流中，家长切忌带着担忧、焦虑和责备的口气和孩子说话。此外，家长还可以营造分享的家庭氛围，如夫妻之间、夫妻和老人之间要相互分享，当孩子发现这样的相处方式如此融洽时，自然也会受到影响。要知道，分享并不只是在家长与孩子之间，还是家庭中所有成员之间的一种相处模式。

（3）适当满足孩子的合理需求。家长对于孩子提出的合理要求要适当地给予满足，而那些不能及时满足的要求，家长应该让孩子学会等待，而不是过分迁就。比如，孩子晚上说想要一个智能游戏机，家长为了不让孩子失望，不惜半夜出门去给孩子买。如果孩子表示不愿等待并且态度强硬，家长要比孩子更为坚持才行，不要给孩子钻空子的机会。因为一旦妥协了第一次，肯定还会有第二次、第三次……这就容易令孩子养成娇生惯养的性格。

二、家长不能随便对孩子说的三句话

丫丫长着一对圆溜溜的大眼睛，是人见人爱的小女孩，十分招人疼。外婆经常抱着她到楼下去遛弯，小区的人一见到丫丫就夸她长得水灵。自从丫丫降生之后，全家上下都沉浸在一片喜悦之中。今年四岁的丫丫越发可爱和漂亮了，爸爸妈妈平时都上班，很少有时间陪丫丫，而一旦有时间，夫妻俩就会逗孩子："丫丫，是妈妈好，还是爸爸好啊？"

自从丫丫会说话，夫妻俩就经常这样逗孩子，刚开始丫丫会躲开他们，看着外婆，意思是"外婆最好了"。但后来，夫妻俩改变了问法："丫丫，瞧，爸爸给你买了一套漂亮的连衣裙，快说爸爸好，这裙子就归你了。""丫丫，妈妈给你买了那么多好吃的，难道妈妈不好吗？"本来只是游戏，为了活跃气氛，但丫丫可不这么想，"都好，我都要"。

在丫丫四岁的时候，爸爸妈妈会问她："丫丫是更喜欢妈妈呢，还是更喜欢爸爸？"小姑娘一向很聪明，所以，如果爸爸妈妈都在场，她会说："我都喜欢。"而如果当时只有爸爸在场，她就说："我更喜欢爸爸。"如果只有妈妈在场，她就会说："我最喜欢妈妈。"小小年纪的丫丫已经知道怎么去讨好别人了。

其实，“是爸爸好，还是妈妈好？”已经成为大多数家庭里最为经典的一句话了，很多孩子都被家长这么问过。而孩子能够给出的答案，也不外乎“爸爸好”“妈妈好”“都好”这三种回答。假如孩子回答“都好”，则会被夸赞“真聪明”，全家一片欢声笑语。

但有些时候，孩子也会陷入为难的境地，明明心里更喜欢妈妈（爸爸）一点，但妈妈（爸爸）也在听着，便不敢回答，或者还会说出“我谁都不喜欢”的话来。在这个过程中，家长或许只是以游戏的心态，而孩子却要费力思考，甚至在这样的一问一答中学会了“圆滑”。

此外，家长也不可随便说：“你现在都多大了，怎么还这样？”当孩子在亲戚朋友面前不那么听话时，不少家长都会脱口而出这句话。有些孩子比较活跃，在人多的地方很喜欢表现自己，家长要求他老实地坐一会儿，但他还是会左顾右盼，不停地变换姿势，坐不了一会儿就会到处跑。

家长要清楚，活泼好动是孩子的天性，如果你的孩子太安静了，恐怕也不是一件好事。所以，只要孩子不是很过分，家长都应该尊重并允许，如果实在接受不了，可以回到家以后再与孩子交流，说出你的想法，而不是在人多的场合直接说出这句话。

“看你家的晓明多懂事，比我家瞳瞳强多了。”家长或许是出于礼貌，也或许是自谦，说出对方的孩子比自己的孩子要强很多的话，但当着孩子的面，将其与别人做比较，敏感的孩子会很容易受伤。家长需要知道，孩子的智力发育、成长速度是不一样的，优点和缺点也不尽相同，即使孩子真的有些地方不是很令你满意，也不要当着孩子的面说出这样的话来。否则，孩子的自尊心会受到伤害，也会自感不如别人，产生自卑的不良心理。

三、不能这样“逗”孩子

阿萍是一位年轻的妈妈，以前当她在路上看到可爱的小孩子时，总是会忍不住停下脚步，过去“逗逗”那孩子，然后微笑着对孩子的家长说：“这孩子好可爱啊！”但自从阿萍做了妈妈之后，她便开始厌烦起那些经常跑过来“逗”她孩子的人了。比如，有些人会说：“快点叫我叔叔，不然这东西就不给你了。”“这孩子好可爱啊，今晚就跟我回家吧！我不让你跟妈妈回去了。”“想吃这糖不？叫我一声我就给你吃。”。甚至还有些人就是要“逗”到孩子哇哇大哭才肯罢休。

有一次，阿萍带着两岁的儿子阿杰在阳台上晒太阳。邻居小美过来串门了，阿萍一见是小美就心惊胆战的，因为她最喜欢“逗”阿杰了。果然，小美一看到阿杰，就上前夺走了他手里的玩具，说：“这是你的小汽车吗？好像是我的吧！”正当她准备说“快叫我姐姐，叫了我就还给你”的时候，阿萍上前夺过儿子的小汽车说：“以后别再这样逗他！”然后转身递给儿子，说：“放心，这是你的东西，别人抢不走的。妈妈和你在一起。”

阿萍觉得，自己以前喜欢逗别人的孩子，但她只是走过去和孩子握握小手，打个招呼而已。但是面对类似小美这样的“逗”法，她都不能接受，并且当场就会黑脸。

事实上，阿萍的做法是正确的。小美的“逗”法在本质上与问“是爸爸好，还是妈妈好”一样，都容易让孩子变得“圆滑”。

此外，家长可以在孩子两岁以后多教他说“不”，遇到类似的“逗”法，如果不想称呼对方，不想吃糖，或者不想跟对方回家，都要直接说“不”。

大多数爱逗孩子的人是没有恶意的，他们或许只是脱口而出，或许并不知道还有别的可以和孩子打招呼的方式。但是，反过来想，你逗孩子的目的，究竟是希望孩子有什么反应呢？生气？大哭？还是想让孩子狡猾地用不在乎做回应？有不少孩子确实能够“聪明”地顶嘴，但这真的是因为孩子“聪明”吗？不是，或许是长时间“磨炼”出来的。

其实，人们逗孩子不就是希望看到孩子被逗的那一瞬间的反应吗？大人可能觉得可爱、好玩，但孩子并不会这样觉得。而那些被这样逗大的孩子，长大后还会用同样的方法去逗更小的孩子。因此，不要再这样逗孩子，家长也要尽到保护孩子的责任，避免孩子遇到类似的情况。

四、说孩子爱听的话

生活中，家长总是希望在自己提出要求，给出答案，或者是与孩子谈条件时，自己的话能够对孩子产生自己预期中的效果。但可能很多家长并未想过，自己随口说出的一句话，对孩子产生的影响力会有多大。

有些话能够给孩子带来负面的心理印象，比如说孩子自私，但也有些话拥有使孩子快乐起来的魔力。同样的意思，用不同的表达方式，传达到孩子的心中，便会有不同的影响。一句话是会令你的孩子更加乐意合作，更加有自信了，还是让孩子感到挫败和失去自信，这完全取决于家长的表达方式。

（1）“现在由你自己来做决定吧。”家长想让孩子做某件事情或者不要做某件事时，可以这样说。这既不会给孩子留下家长强迫自己的印象，也是在培养孩子的责任感，即他要为自己的行为负责。比如，对正在玩耍的女儿和她的同学说：“现在由你们来做决定，是想留下小声地玩，还是到外面去？”如果过了几分钟之后，孩子们还是没有安静下来，你就可以这样说：“看来你们是想到外面去玩。”孩子们会在你的这两句话中感受到前因后果，而你也不会被孩子们视为破坏者。

（2）“你其实是想说什么呢？”孩子在生气的时候也会被情绪控制，说不清楚自己的想法和感受，甚至还会做出一些偏激的行为来。此时，家长应该做的不是责备，而是帮助孩子正确表达自己的真实感受，温和地询问孩子：“你其实不是这样想的，对不对？你真正想说的是什么呢？”还可以给出一些提示，比如，“你生气是不是因为爸爸今天没有陪你去公园？”引导孩子正确地表达内心感受和生气的原因。

（3）“妈妈是爱你的，但我不喜欢你这样。”家长在教育孩子的过程中，避免不了责备和训斥，但也要讲究技巧，如何把事情本身和孩子分开很重要。比如，“你是个好孩子，妈妈很爱你，但这件事情不能这样做”或者“妈妈是爱你的，但不喜欢你这样做，才会批评你”。这样一来，孩子会明白自己做了一件错事，而且妈妈不会因为这件事而不再喜欢自己。与此同时，妈妈也是在提醒自己保持冷静。

（4）“我需要你来帮我解决这个问题。”孩子的某些行为家长认为不好，反复提醒也不见效果，这个时候家长或许会很生气，甚至开始发脾气。其实，家长可以换一种思路来说。比如，孩子喜欢在吃饭的时候哼歌，家长就可以这样说：“我想我需要你来帮我尝试解决一个问题。”孩子听到这句话肯定很感兴趣。这时家长可以接着说：“就是我希望在洗碗的时候听到你哼歌给我听。”可别小瞧了这句话，表面上听起来似乎问题在家长这一边，是家长需要孩子的帮助，而实质上，孩子会感受到自己被尊重和被重视，也就不会把家长放在对立面，自然就会顺从家长的意愿。

（5）“不一样的人有不一样的需求。”这句话有助于帮助孩子克服攀比的坏习惯。比如，孩子看到其他同学买了新衣服，便央求家长也给自己买一套新衣服，此时，家长直接拒绝肯定会激发孩子的不满情绪，所以，最好是说："不一样的人，需求也不一样。咱们上个月不是也买了一套新衣服吗？这样看来，你还比人家早买了呢。"要让孩子明白只有在自己真正需要的时候才能得到的道理，并逐渐克服攀比的坏习惯。

第三节　避开暴力沟通

江先生有一个五岁的儿子江海涛。因为平时工作比较忙，江先生和儿子相处的时间并不多，但他并没有因此更加珍惜和孩子在一起的时光。很多次，他都是这样对儿子说话的：

“海涛，我真希望你看清楚自己，你就是一个饭桶。”

“去做你该做的事情，别整天像个两岁的小孩子一样！”

“吃饭的时候能不能别这样，像个饥饿的乞丐！”

“我真不能再指望你什么了，你简直糟透了。我预言你将来根本不会有前途。”

“知道我有多讨厌你吗？你总是和我唱反调。”

“你快一点儿，大家都在等你！没用的家伙！”

……

江先生从没意识到自己的语言对儿子的伤害有多大。直到有一次，江海涛的班主任阎老师来做家访。她是个很温和的中年女老师，对教育孩子有着独到的见解。她告诉江先生，江海涛以前是个很快乐的小孩，但最近一直闷闷不乐，常常自己躲在角落里看别的小朋友玩耍，如果有人走过去邀请他一块去操场，他会很生气，然后说：“知道我有多讨厌你吗？走开。”当然，江海涛对老师还是尊敬的。看到江海涛的转变，以往的经验告诉她，孩子的性格变化肯定与家庭有关系。

就在此时，江先生看到儿子躲在门后，忍不住又愤怒起来，说：“没用的家伙，出来。”阎老师见状，赶紧制止江先生，然后对他摇摇头说：“江先生，我想我们该好好谈谈了。”

经过与老师的谈话，江先生确信了自己心里一直以来的疑虑。其实，他也意识到了儿子需要一些正面的鼓励，而不是那些贬损的评价，但就是很难开口。所以，那天晚上，他破天荒地给儿子写了一封信：

“儿子，今天我很意外，你的老师会来做家访。她不是来告你的状的，而是夸奖了你。我这才知道你有多优秀。我很开心。——你的爸爸”

第二天晚上，在海涛把房间收拾好之后，江先生又写了一封信：

“亲爱的海涛：

我很开心看到你一个人将整间屋子都收拾得很干净。谢谢！——爱你的爸爸”

这之后，海涛在吃饭的时候玩餐具，或者到处丢衣服，江先生都没有再用以往那种“暴力式”的语气指责他，也没有再时时刻刻挑儿子的毛病，只有在孩子特别过分的时候才耐心说他一次。

某个周末，江先生带儿子去游乐园。海涛很兴奋，挣开爸爸的手又试图到处乱跑。江先生很生气，他想说：“你有多动症吗？就不能老实点？”但他想到那天阎老师对他说的话，又觉得孩子来到游乐园表现得兴奋是很正常的事。所以，他换了一种说话方式："我知道你很开心，但我更相信你一定会跟着我。"海涛惊讶地看着爸爸，不一会儿，他果然回到爸爸身边。爸爸接着说："想玩什么，我们一起去。但你要保证不要乱跑，跟着我。"

那一天，海涛非常开心，就连晚上睡觉也比以前乖多了。江先生没有想到，自己的小小改变，竟然解决了一直以来的难题，更重要的是，父子俩之间现在已经没有火药味了。

事实上，教育孩子并没有那么难，有时候家长小小的转变足以改变孩子的行为。想必现实中会有不少家长像案例中的江先生一样，习惯批评和指责孩子，但在这种"暴力式"的沟通中，孩子怎么可能成为你期望的样子？因为你的评价都是在贬损，都是在提醒孩子他有多糟糕。所以说，家长与孩子之间的种种矛盾，多半都是由沟通不畅造成的，家长往往意识不到自己在与孩子交流的过程中有多"暴力"，多么具有攻击性。

家长要想做到与孩子进行非暴力沟通，诀窍就在于正确使用句式、词汇、音调以及肢体语言。

（1）给出正面评价。让孩子在无意中听到你的正面评价，你可以在孩子以为你要发脾气时，用正面评价的方式鼓励孩子听话；也可以当着孩子的面，向其他人夸奖你的孩子。比如，你打电话给孩子远在外地出差的母亲说："你儿子这几天真乖，他早上会自己穿好衣服，还整理了床铺。"

（2）用"我……"句式。这种以第一人称开头的句子只要不是攻击对方，只是用来表达一种情绪、期望、喜好或结论等，家长都可以用来和孩子进行沟通。比如“我不喜欢你这样”“我期望你能做得更好”“看到你把小宠物照顾得很好，我很开心”。

（3）不要用“你……”句式。以“你”开头的句子一般都比较具有攻击性。比如“你简直糟糕透了”“你真的让我很失望”等。家长用这样的句子和孩子说话，孩子会感到被侮辱、被轻视，又怎么可能听话呢？

（4）“是因为……，对吗？”家长发现孩子情绪不对，或者在孩子表示反抗时，往往采用责骂的方式，抱怨孩子。事实上，情绪不是大人的专利，孩子同样有情绪波动。所以，家长要用正确的方式引导孩子表达内心感受。当孩子用一些踢打、摔东西、尖叫、咬人、大哭等方式来发泄情绪时，家长可以用这样的句式来引导孩子：“是因为刚才我扔了那辆坏掉的玩具火车吗？”“是因为妹妹抢走了你的玩具狗，对吗？”

（5）肢体语言。家长不要总是沉浸在无休止的语言交流中，而忽视了肢体语言的重要性。在成人的世界里，肢体语言所传达的信息有时要比文字语言多很多，对孩子而言更是如此。有时候，家长的一个眼神或微笑，孩子便能够从中获得足够的情感信息。比如，你用眼神与孩子交流，表示“我很生气，我不喜欢你用拳头欺负妹妹”，孩子会从中看到你的不满。然后，你可以再拉着孩子站在妹妹的面前，教他向妹妹道歉。或者你用眼神告诉孩子“你把玩具丢在了地板上，我很不高兴”，然后可以带着孩子一起整理地上的玩具。

孩子也很喜欢被拥抱，家长可以从孩子的身后将其环抱住，温柔地制止孩子不好的举止，接着可以在耳边对孩子说："你是个好孩子，但我不喜欢你这样。"家长需要注意的是，在用肢体语言和孩子交流时，切忌将自己的不良情绪传递给孩子，因为孩子对此很敏感。

（6）试着召开家庭会议。家庭会议可以是在既定的时间，也可以是临时组织的。召开家庭会议的主要目的是解决家庭成员间的情感、需求等问题，帮助提高亲子沟通的效率。家长和孩子都可以在这个时间里提出自己的想法和建议，然后协商达成一致意见。比如，家长可以在会上规定哪些行为是正确的，家务活该怎么分配等。

召开家庭会议的好处是，能有效消除家庭内部积攒的误解和矛盾，孩子可以在这个过程中感受到团结合作的氛围，培养其为他人着想的意识。事实上，家庭会议的内容并没有刻板的局限性，可以是分享各自有趣的经历，可以是就某件事情进行全家讨论，还可以是专门为了庆祝某个人的生日等。家长要让家庭会议变成一家人的美好时光，而不是一提到家庭会议，孩子就皱起了眉头。

第四节　用幽默的方式和孩子交流

如果家长和孩子之间产生了冲突，该怎么办？双方三言两语就把现场搞得火药味十足，此时，谁该让步，谁又该维持尊严呢？家长会想："我是他爸，和我作对，难道还要我道歉不成？"孩子则会想："你这样命令我，我就偏不服气。"事实上，家长在这个时候是不该和孩子较真的，如果能够充分发挥幽默的力量，那么不仅给了自己台阶，也能够化解孩子的反抗情绪，何乐而不为呢？

老张平时十分风趣幽默，有一次，他拖着疲倦的身体从农田回家，到了院子里想舀一瓢水洗脸，却发现水缸里一滴水都没有。当时村里没有自来水，村民要用水，只能去井边挑。

老张十二岁的儿子正在家中，却不知道去帮忙挑水。但是老张并没有对在屋里玩游戏的儿子破口大骂，而是喊道："小伙子，去隔壁大姨家'借'几瓢水过来给我洗洗脸吧。"儿子听到这话，赶紧关掉游戏机，红着脸去井边挑了两小桶水回来。

这位父亲没有责备孩子，也没有直接下命令要求他去挑水，而是用幽默的方式——"借"水，来达到教育孩子的目的。家长在教育孩子的时候往往喜欢板着脸说教或下命令，孩子却不吃这一套，而且反抗情绪很激烈。与其这样，还不如幽默一点。在一个家庭中，幽默是和谐气氛的润滑剂，是一家人欢乐的源泉，也是教育的一种有效手段。

苏联著名诗人米哈依尔·斯维特洛夫就擅长用幽默的方式来教育孩子。有一次，他一进家门就发现家里的人乱作了一团，他的母亲正在打电话向医院求救。原来是因为斯维特洛夫的小儿子舒拉太调皮了，他喝掉了几乎半瓶墨水，祖母担心小孙子出意外，正焦急地到处求助。但斯维特洛夫知道，半瓶墨水不至于让孩子中毒，于是，他赶紧安抚母亲的情绪。之后，他便开始趁着这个机会教育了一下儿子。

他蹲在儿子的面前，关切地询问："你真的喝掉了半瓶墨水吗？"舒拉很得意，坐在沙发上调皮地伸出舌头来，还做了一个鬼脸。一般情况下，身为父亲肯定要发火了，但斯维特洛夫没有，而是从里屋拿出了一叠吸墨水的纸，说："现在没有其他办法了，你只能把这些吸墨水的纸使劲嚼碎，再吞下去，好让它们帮你把那些墨水都吸走了。"

这下可好，全家都笑了。舒拉无奈地接受了父亲的教训，他本想用"喝墨水"来引起家人注意，好成为焦点人物，却不料被父亲的幽默给戳破了。就这样，一场虚惊在一片笑声中消失不见了。而舒拉也认识到了自己的错误，从此以后再也没有犯类似的错误。

试想，如果不是斯维特洛夫的幽默，舒拉的恶作剧有可能会引发一场家庭战争。可见，在一个家庭中，幽默的语言是一种行之有效的交流形式，家长用幽默来感染孩子，不但能够起到教育的作用，也可以令家里充满笑声。而且，在这样的环境中成长起来的孩子，通常都会比较快乐、热情。儿童心理学家非常推崇这种幽默的教育方式，指出这并不是一种“逗乐”形式，而是培养孩子健康个性的有效手段。

有这样一则小故事。麦克阿瑟将军为即将出生的儿子虔诚地向上帝祈祷：

“上帝啊，请您赐予我这样一个儿子吧！他坚强得足以认清自己的缺点和弱点，勇敢得足以面对一切恐惧，在挫折面前昂首挺胸而不是卑躬屈膝，在胜利面前保持谦逊而不是趾高气扬。

“上帝啊，请您赐予我这样一个儿子吧！他不会用幻想代替行动，他会牢记您的教诲，认识自己是世界的基石。

“上帝啊，请您不要让他过平静的生活，不要让他走在安逸的道路上，而是要将他置于困境与挑战的考验与激励中，好让他学会如何在暴风雨中坚强挺立，学会怜悯那些不幸的失败者。

“上帝啊，请您赐予我这样一个儿子吧！他内心纯净，人格高尚，他会在征服别人之前征服自己，他会拥有美好的未来，却不会遗忘过去。

“上帝啊，请您赐予我这样一个儿子吧！除了以上这一切，请赋予他足够的幽默感，使他永远庄重却不那么盛气凌人；赋予他谦卑的品质，使他永远铭记——真正的伟人是要诚挚率真的，真正的贤人也要虚怀若谷，真正的强者更需要温文尔雅。

“如果是这样，那么作为一名父亲，我便敢于在人前自豪：‘我这一生没有白白度过。’”

很多家长对自己孩子的期望也是如此，希望孩子的未来是光明的，希望孩子的人格是健全并且积极的。人的一生是一个发展的过程，孩子总要经历一个成长阶段，与此同时，人格发展也在同步进行着。但并非所有的孩子长大之后都会一直保持乐观，如家长当初所期待的那样。有些人即使生活富裕、工作稳定，什么都不愁，却依旧难以快乐；而有些人即使过着十分拮据的生活，也常常能够发自内心地感到快乐和幸福。为什么呢？这其中起着关键作用的其实是人格。不同人格的人，在面对同样的问题时，看问题的角度和得到的结果都不同。

人格的最佳发展时期是幼年和少年时期，家长是塑造孩子人格的重要人物，家长在其中起着关键性的作用。如果孩了没有形成健全并且积极的人格，那么在其成年后，即便他获得的物质生活条件再优越，再才华出众，他的内心也很难感受到幸福。心理学家在研究中发现，当科学与哲学都不能解决问题时，不妨尝试使用第三条通道——幽默感。

幽默不存在对立面，不是严密的思维逻辑，而属于一个人的人格魅力。可以说它是一面船帆，当顺风的时候它便乘风破浪，而当逆风的时候，它便可以调整自己的角度，继续向自己的方向前进。

在日常生活中，家长在处理孩子制造出来的一些麻烦事时，不妨尝试着使用幽默感来解决难题。比如，在家庭会议中，孩子提出要搬出去住，并希望住在外婆家。面对这样的提议，家长肯定不会同意，此时，用幽默的方式说："我十分理解你的心情，也知道你是因为我们常常唠叨才想搬出去的，但你那么可爱，真搬走了，我们会十分想你的。"

家长可以在营造幽默家庭氛围的过程中，潜移默化地影响孩子的人格，如用幽默感来分析问题，找到应对冲突和矛盾的方法等。对于处于幼年时期的孩子，家长更要注意培养孩子的幽默思维。比如，给孩子选购反映幽默智慧的读物，在孩子大一点之后，鼓励孩子收集一些幽默故事，并与孩子互相分享。

这里有一则关于幽默的小故事。

很久以前的一个冬夜，有一个人骑着一匹高头大马，走在一片白茫茫的雪地上，由于天气寒冷，他已经被冻得瑟瑟发抖了。走了很久，最后他终于找到了一家客栈，里面有一个壁炉，很多人围着它在烤火取暖。他很想过去，但周围已经挤满了人。他想，有什么办法能够让其他人给自己让个位置呢？

如果说："我很冷，给我烤一下吧。"但这么寒冷的天气，谁不冷呢？或者说：“让开，最好给我个位置！”这会很容易起冲突，真要打起架来，他根本不是那些人的对手。于是，他大声地对客栈的老板说：“老板，我要吃饭，快饿死了！我要三条鲈鱼。对了，我的马也需要三条鲈鱼，它从不吃别的，只吃鱼。”

人们一听，“吃鱼的马？”这太稀奇了，于是，很多人跑出去看马是如何吃鱼的。就这样，他成功地得到了烤火的位置。而那些出去看马吃鱼的人，虽然什么都没瞧见，但奇怪的是，也没有人讨厌他。

这就是幽默的力量了。

第八章

以身作则——身教重于言教

“身教重于言教”不是一句空谈。家长在教训孩子应该这样做、应该那样做时，有没有反思自己是否也是如此做的呢？换句话说，家长的言行其实就是最好的教育范本。不要让孩子在空洞的说教中接受你的教育，有时候，家长做到以身作则要胜过千篇一律的说教。

第一节　做孩子最需要的家长

有研究发现，在一个家庭中，能关注父亲在亲子教育中的重要作用，并懂得运用心理学的方法来教育孩子的家长，多半都是事业有成、素质较高的人。其实任何家长如果能够多借鉴他人的经验，并结合自己孩子的特征灵活运用，都能够教育出身心健康的孩子。但是，一切教育的理念，如果没有了家长的参与，都会变成一纸空谈。所以，家长需要重视你们在孩子人生中的影响力，要做你的孩子最需要的家长。

一、做好老板还是好爸爸

如何才能让孩子听话、好好学习？如何才能保证孩子在青春期远离犯罪？如何才能最大限度地保障孩子的健康？……答案是做孩子最需要的家长。近年来，很多研究都已证实，父亲对一个家庭的和谐是至关重要的。

据了解，北欧的一些国家制定了相关的政策，如“亲子法”。这些国家的人，有这样一种习惯，即孩子出世后，由母亲在家带孩子，父亲则在外工作，很少回家。所以，瑞典针对此种现象专门制定了相关法律，孩子出生后，要求父亲至少要有半年的时间回家照顾孩子，在此期间，父亲必须回家，否则将强制执行。

于是，有一段时间，人们会在大街上看到几个警察押着西装革履的男人，将他“送”回家后，还守在门口，监督他的行踪，保证男人的确是在家中看孩子。而现在，瑞典的“新爸爸们”都已养成这种习惯了。

事实上，“亲子法”已经在中国一些地区实行。例如，河南省相关部门规定男人可以休产假一个月。消息一出，有人表示不解，也有人表示赞同，但不管怎么样，大家都需要一个适应的过程。因为对家长来说，教育孩子永远都是当务之急。

有这么一则小故事。父子俩正在做游戏的时候，忽然爸爸的手机响了。

“喂，克林顿啊！我现在正陪我儿子玩游戏呢！我们改天约时间再聊！”父亲几乎想都没想就拒绝了。

“克林顿找爸爸，他都不去，看来我比他的工作重要啊！”听到父亲的话，儿子心中很开心，暗想道。

“爸爸，你去吧。”儿子虽然开心，但还是懂事地对爸爸说。

“孩子，我不去，今天谁都没有我的儿子重要！”这位父亲坚持。

这件事给孩子的触动很深，从此，他就变得特别懂事了，因为他知道并相信父亲很重视自己，很爱自己，所以他不会故意去制造一些麻烦来引起父亲的注意。平时，他都会很理解父亲的言行，并且主动为父亲分担忧愁。

与此相对，还有一则小故事。

父子俩原本约好了，这个周末去公园玩。但是，到了周末，父亲朋友的电话就来了。

“喂……今天啊……”父亲接起电话，迟疑地看了儿子一眼。

“……”儿子眼巴巴地看着爸爸，低下了头。

“嗯，好吧。你们等着，我现在出门。”这位父亲答应了朋友的邀请，然后走到儿子的面前，说：“好孩子，爸爸今天有事，咱们下周末再去，好不好？”

听爸爸这么说，儿子也就不吭声了，默默地点点头。他心里失望极了，心想：“我连爸爸的一个朋友都不如。”但孩子毕竟是孩子，他依旧期待着下周末。

又是一个周末到了，孩子满心欢喜地期待着，但这位父亲却把去公园的事忘得干干净净。要说这样的“爽约”，一次两次还可以理解，可实际上，这位父亲曾经答应过儿子：等儿子放暑假了，就带他去大连看海；等儿子期末考试拿奖状了，就带他去吃肯德基；等儿子十二周岁生日时，会给他买一架飞机模型……

但是，到了暑假，这位父亲因为工作忙，脱不开身而“爽约”了；期末考试儿子拿到了奖状，虽然他确实带儿子去肯德基了，可还没吃完就被公司打来的一个电话叫走了，孩子不得不自己回家；儿子十二周岁生日时，他也确实给他买了一架飞机模型，却因在外地出差而没能够陪他一起过生日……

所以，这个小男孩总会想：在爸爸的世界里，什么都非常重要，唯独我不重要。终于有一次，当父亲再次抛下他之后，他坚信了：我对爸爸而言不重要，他肯定会在关键的时刻放弃我。

结果，小男孩不再好好学习，每天也不再按时回家，最后干脆开始混日子。

或许很多家长都不知道，孩子对家长是否重视和关爱自己有多在意！两个父亲，给了儿子两种截然不同的生活。有些父亲会认为，“爽约”后给孩子买礼物补偿，或者是给孩子更多的零花钱就行了，哪有那么多讲究？其实不然，你在“爽约”后给予孩子的补偿只能是让自己心安而已，但孩子的失落和失望是礼物和钱换不回来的。如果有一天，你发现自己与孩子的距离疏远了，或者孩子朝着另外一个方向发展了，那时候你再后悔，已经没有意义了。

因此，每一位父亲都应该给自己定下一个标准，即每周抽出至少一天的时间来陪陪孩子，也不要频繁“爽约”。不要让孩子觉得你很忙，更不能让孩子认为你不重视他。

传统理念认为，男人应该出门给孩子赚“奶粉钱”，而现在又要回家陪孩子，岂不是很“累”？到底是该陪孩子多一点，还是应该多出去赚钱？或者说，你是希望自己做一个好爸爸，还是想做个好老板？孰轻孰重，已经一目了然。

换句话说，一个男人假如只有事业，缺乏温情，和亲人之间极少有感情交流，性格也会变得日益强硬和冷漠。

或许很多人难以接受这样的说法，但事实上的确如此。即使你完全忽略这一说法，但多和孩子交流，多与孩子相处，总归是有好处的，不仅于你自身，对孩子也是非常重要的。身为父亲，每天除了忙工作，还有什么？是不是你目前正在做的事情要比孩子的未来更重要？在孩子犯错的时候，你是不是也会感到很无奈和抓狂，甚至会动手打他？许许多多的问题解决不了，你觉得孩子越来越不听你的话了，也越来越难管了。其实，这些问题的根源都是因为你不够了解自己的孩子究竟在想什么。

家长疼爱孩子，可疼爱不是金钱可以购买的，你能花时间去陪他，才是真的爱。父亲不光要花时间陪伴孩子，还要注意爱的技巧。比如，孩子放学回到家，你会首先给孩子一个微笑或拥抱吗？还是连珠炮式地追问，“你今天表现好不好？”“上次考试的成绩出来了吗？考多少？”这两种场景带给孩子的感觉截然相反。

因此，家长一定不能让孩子产生“我不重要，关键时刻你们肯定会放弃我”的想法。孩子一旦认定了这样的观点，和家长就会越来越疏远，而家长也会觉得孩子越来越难管。

最后，身为父亲，如果你过度惩罚孩子，完全不顾及孩子的心理承受力，以“为你好”“爱你”的名义而采用暴力的方式管教孩子，那这样的“爱”对孩子来说就是一种煎熬和折磨。父亲用打骂的方式管教孩子，可能是无奈之举，但实际上也是教育的失败。说得严重一点，如果父亲在一年的时间里动手教训孩子的次数超过两次，那就应该好好反思一下自己的教育方式。

二、母爱与母亲的性格影响孩子一生

美国心理学家哈洛曾做过一个被称为“关键期实验”的研究。他找来一只年幼的猴子，再给它两个人造的“母亲”，其中一个有奶水，另外一个没有奶水。但是有奶水的“母亲”是用冰冷的铁架搭建起来的，而没有奶水的那个“母亲”身上则包裹着一层厚厚的绒毛。幼猴会选择哪一个“母亲”呢?

当哈洛提出这个问题时，很多人都表示，猴子肯定会选择有奶水的那个“母亲”。可事实上，幼猴最后选择的是没有奶水但身上有一层厚绒毛的“母亲”。而它只有在饿得不行时，才肯去吃另外一个“母亲”的奶水，且动作急促，吃完便匆匆回到有绒毛的“母亲”身边。小猴子对这个有绒毛的“母亲”如此恋恋不舍地依偎着,就像依偎在自己真正的母亲身边一样。

哈洛提出，假如只给小猴子一个有奶水的铁“母亲”，它也一样会长大，但长大后的猴子会表现出极端的攻击性，比如不合群、冲动，甚至有神经症、越轨的行为。由此，哈洛得出结论，母爱有时候要胜于食物。小猴子之所以喜欢依偎在带有绒毛的“母亲”身边，主要是因为这个“母亲”能够给它想要的温暖，而这种温暖令它感受到了母爱。

母乳喂养的意义并不仅仅在于奶水（食物），更重要的是母亲的怀抱赋予了孩子温暖、安全、依恋等珍贵的心理营养——母爱。

而小猴子的实验同样也提醒人们，孩子成年后的性格很大程度上取决于幼年时期母亲的抚养行为。很多罪犯在幼年时期都受到过伤害，由于亲情缺失，长大后，攻击性的性格就随之形成。这并非偶然，心理学家通过近百年的跟踪调查发现，那些真正成为罪犯的人，很多人的童年都是不幸的，或被遗弃，或遭伤害，或母爱缺失。多半罪犯是在孤儿院或者是问题家庭中长大的。可以说，这些罪犯在幼年时期的遭遇成了他们成年后走上犯罪道路的诱因。

母爱究竟意味着什么？有人发现，初生的孩子居然已经知道寻找母亲了。

孩子“哇”的一声哭了，这是他来到人间后的第一句话。孩子在出生之后，主动寻求的不是奶水，而是母亲。心理学家认为，这是“人类需要爱先于食物”的最初表现。现在很多人都呼吁“母乳喂养”，用母爱给孩子呵护，并不是没有道理的。

也有研究发现，大约70%的母亲在抱孩子时，都会把孩子的头靠左边放，这主要是因为母亲的心脏就在左边。此外，刚出生的孩子喜欢哭闹，不管是爸爸抱、爷爷抱，还是奶奶抱、姥姥抱，他都一直哭个不停，全家人簇拥着却都不知所措。但是，只要把孩子放在妈妈的怀里，哭声立即就止住了。难道刚出生的孩子就认得出自己的母亲？不是，是听出来的，孩子会分辨心脏的跳动声，并迅速识别出这是不是母亲。等到待在母亲的怀里后，孩子有了安全感，自然就不会再哭闹了。

此外，研究还发现，母亲的性格对孩子的性格养成有非常关键的影响。在一位温柔娴静的母亲的怀抱里长大的孩子，将来可以养成许多优秀的品质，比如温和的性格、善于欣赏自己和别人、对人关怀等。

事实上，人类从三岁时才开始记事。在此之前是没有一个评价系统的，但也正因为这样，孩子对自己所经历的情感、情绪会像海绵一样进行百分百的吸收。三岁之前，孩子和什么样的母亲在一起，将直接影响他未来的状态；而三岁之后，孩子也依然受母亲的影响。也就是说，如果每个人都能够在充满了爱和积极鼓励的环境中长大，那么每个人都会是善良、温和的。

但是以下四类性格的母亲可能会对孩子的性格养成造成不良的影响，母亲如果发现自己有以下倾向，要学会纠正。

（1）严肃冷酷型的母亲。这类常见于单亲妈妈的人群中，她们往往在情感上表现得冷漠，由于之前受到的感情伤害很深，因此总是喜欢将自己包裹起来。或许她们会将孩子视为自己不幸的根源，既怜爱又充满怨恨的矛盾心理常常使她们陷入挣扎……总之，这类妈妈不管出于什么样的原因，她们严肃而冷漠的性格会使她们看起来孤独而忧郁，对孩子也常冷漠相待。

由这样的母亲带大的孩子，很容易养成孤僻的性格。他们可能会惧怕亲密接触，因为母亲很少或根本就没有与他们有过亲密的肢体接触，导致孩子依恋母亲的愿望总是落空。久而久之，他们便会这样想：我没有这样的需要。在孤僻儿童的内心世界里，或者还隐藏着一个不真实的自我，表面上他们看起来很独立，而实际上却经常否定自己的需求。

性格孤僻的孩子通常也是比较冷漠的，对生活没有足够的热忱。他们在物质上需求很少，善于忍耐；在感情生活方面，这类性格的人一般婚姻生活都不会太顺畅。

可见，性格严肃、冷漠的母亲不要刻意孤立你的孩子，应和孩子多一点肢体交流，经常抱抱他，拥抱和抚摸可以有效消除孩子的孤独感。

（2）控制型的母亲。母亲爱孩子，天经地义，但有些母亲爱子心切，也可能是因为难以掌控自己的生活，进而将这种不安感转移到孩子的身上，生怕连孩子也不受自己的控制。还有的母亲是过度依赖孩子，她们将全部的精力和时间都用在了孩子的身上。所以，她们渴望时时刻刻都掌控着孩子的一言一行，试图为孩子“摆平”一切。

由这样的母亲带大的孩子容易养成逃避性格，这些孩子可能并不害怕被亲近，但却总是小心翼翼地维持着自己与他人之间的距离。母亲拥抱他或亲吻他，他却习惯性地闪躲。这主要是因为，孩子害怕和母亲过度亲近之后，自己将不能逃脱母亲的控制。

心理学家分析，具有逃避性格的儿童在成年后容易形成逃避型人格。这类人格的人会在潜意识里借助各种各样的方法来回避家庭生活，比如，工作越忙越好，他们喜欢出差或待在自己的世界里；喜欢那种比较自由的关系，所以当另一半想要发展一种更为亲密的关系时，他们就开始退缩，严重的时候还会引发不必要的冲突。

控制型的母亲要尊重孩子的个人空间，同时也要尊重自己。孩子终究会长大，会过上独立的生活，家长不可能永远陪在孩子的身边。所以，为了孩子的长远未来着想，还是给孩子多一点自由吧。

（3）忽略型的母亲。和上一类母亲不同，这类母亲总是很忙，也许是性格的原因，她们比较缺乏耐心，或者是她们想尽早地从教育孩子的负担中解脱出来。所以，她们过早地鼓励和强迫孩子独立起来，刻意忽略孩子成长过程中的细节。

由这样的母亲带大的孩子容易被塑造成追求型的性格。由于年幼时期得不到来自家长的情感支持，孩子很早就被迫开始探索，而这容易引发其对独立的恐惧感。他们往往懂得如何去讨好母亲，并刻意做出好孩子的样子来，当然也擅长寻找各种借口，以便成功赢得母亲的关注。这些孩子从小就缺乏安全感，害怕离开母亲，所以他们需要不断地反复确认自己是否还被母亲爱着和关心着。

这种性格的孩子成年后是追求型的人，他们常常会为了保持与爱人的亲密关系，不愿被抛弃而努力取悦对方，尝试为对方做一些自己能力范围外的事情。他们通常都是甘心做好妻子或好丈夫的人，但有时候却因为不能把握分寸而总是令另一方感到窒息，而被对方抛弃后，只能暗自悲伤。

不要再忽略你的孩子，不要做忽略型的母亲，给孩子正常的关爱，帮助孩子树立自信心，让他能够在充满爱和关心的健康环境中成长。

（4）矛盾多变型的母亲。这类母亲大多内心充满矛盾，她们或许是一个人带着孩子，或许是丈夫长期不在家，总之，这样的母亲比较偏向于自我的内心世界。她们对孩子有依恋的需要，但并不是每一次都能够从中得到满足。再加上情绪不稳定，她们有时候难免烦躁不安，对孩子也时而爱护有加，时而冷漠待之。

由这样的母亲带大的孩子会缺乏安全感，在他们的潜意识里，他们会认为只有用不断的哭闹或闯祸，才能赢得母亲的关注和关爱。当他们胜利时，他们会感到满足和愉悦；而当失败时，他们会懊恼、愤怒，也会伤心。所以，这样的孩子对母亲的爱总是与恨相交织着。

这些孩子长大以后，如果进入一段亲密关系中，会表现出特别强烈的依恋倾向，早年渴望得到的亲密关系未曾得到，而当成年后再有这样的机会时，他们就绝对不会轻易放过。换句话说，他们对身边亲人的亲密关系的要求是永无止境的，希望对方时时刻刻都关注着自己，不容许对方有半点的冷漠和忽略行为。当然，在生活中，他们也会习惯性地使用生气、威胁、争吵等手段来赢得对方的关心与呵护。他们身上强烈的不安全感促使其经常猜疑和妒忌，对对方的爱持怀疑的态度。

身为母亲，要认识到自己对孩子的重要性，不要用自己的情绪去影响你的孩子，要避免那种自相矛盾的、不稳定的情感，在言语和肢体语言上应多给孩子肯定和赞赏，让孩子知道你重视并爱着他，这比什么都重要。

第二节　优秀的家长应该懂得爱的智慧

一、不要做被孩子过度依赖的家长

明明喜欢黏着妈妈，不管妈妈在做什么，他总是要跟在妈妈的后面，每时每刻都要看到她，不然明明就开始哭，俨然一个“小跟屁虫”。这令明明的妈妈张女士很烦恼，孩子这样黏着自己，她还有心思上班吗？要说这个年龄段的孩子喜欢黏着家长是正常的，但明明为什么就不黏爸爸呢？邻居的小孩和明明一样大，为什么他就不会这样黏着家长？

张女士非常矛盾，因为他一见到孩子心就软了，根本不忍心看着孩子哭。这天下午，她好不容易才把明明哄到他奶奶家去，趁着这点空当儿，她来到了儿童心理咨询中心，希望得到有关专家的帮助。

咨询师：你家平时还有其他人吗？

张女士：我们就一家三口。

咨询师：那孩子和他爸爸平时见面的机会多吗？

张女士：他白天在外面工作，一般晚上很晚才回来。父子俩很少交流。

咨询师：这是个问题啊！你应该让孩子的父亲多陪陪他。

张女士：这个我们最近也在商量着。还有，就是孩子这段时间总是不愿去学校，我想让他去读学前班，多和其他小朋友接触接触，这样会不会好点儿？

咨询师：你真的希望孩子去吗？

张女士：也不是一定。这当然还要看孩子的意愿，我不能不尊重他。可话说回来，我也不愿意看他哭。

咨询师：你并没有下定决心，孩子原本就不愿意，他喜欢黏着你，怎么会自愿去上学呢？除非你下定决心。

咨询师告诉张女士，问题的症结已经找到，下面就是如何解决问题了。一是要让孩子多与父亲交流和接触，让他明白这个世界上不仅仅只有母亲；二是需要张女士下定决心，送明明去学前班，在外面的世界接触的人多了，孩子自然就不会只黏着张女士一个人了。

但不能把孩子丢在那种全托式的幼儿园里，这样对孩子并不好，不仅是因为由别人照管不利于孩子的身心发展，而且全托会使孩子与母亲之间的依恋彻底斩断，这对孩子来说是残酷的，他或许会想：妈妈肯定是嫌我烦了，才把我送到这儿来的，她不要我了，她不喜欢我了……这样的焦虑感很容易给孩子造成一定的人格障碍。

孩子依赖母亲是一件很正常的事情，但有的孩子却过度依赖，都要读小学了，却还是不愿与母亲分开睡觉，每天晚上都要挤在爸爸妈妈中间，才能安心睡着；也有的孩子眼皮一睁，就到处找妈妈或爸爸，然后一整天都像个“小跟屁虫”一样；

还有的孩子养成了依赖心理,做什么事情都想要家长来拿主意,衣服需要家长洗,床也要家长整理,遇到难题也不愿自己解决,全权交给了家长……

依赖，有时候弊大于利。孩子如果不愿意自己睡，非要和家长睡在一张床上，那么家长就要给孩子定一个规矩，如每个星期只有周末才可以和爸爸妈妈一起睡，其他的时间必须乖乖地在自己的屋里睡。但要注意的是，刚开始和孩子“分床”时，切忌“一刀切”，这样孩子会受不了。

在跟家长各种各样的分别中，很少有孩子能够顺利而自然地完成，大多数都需要一个过程。因此，家长要给孩子逐渐习惯独立的时间，同时要做到这一点还需要家长“狠心”一点，心软只会让孩子更加依赖。那么，家长究竟该怎么做呢？

（1）面对孩子的哭闹要说“不”。教育孩子的关键期是从出生到三岁这段时间，这是孩子的性格和生活习惯形成的最佳时期，假如错过了这段时间，今后要纠正起来，就比较难了。但很多家长一看到孩子流泪，就开始心软了，之前定的规矩都不复存在。结果孩子开始变得任性，一有不顺心的事情就开始哭闹，因为他知道家长肯定会心软。但如果家长在孩子任性的时候坚持说“不”，时间一长，孩子就知道任性不管用了，自然也就不哭了。

（2）对孩子说“不”时也要注意这些问题：首先，孩子虽小，但也有自尊，家长在对孩子说“不”的时候要尊重孩子，了解孩子，在了解孩子的想法之后再讲道理。针对孩子的一些不合理想法，家长要说出自己的观点，让孩子明白为什么不可以。其次，家长要知道让孩子懂事，不是一时半刻就能让孩子学会的，所以家长要在平时多和孩子交流，让孩子受到潜移默化的影响。最后，家长有必要和孩子做朋友，平等地和孩子交流与沟通，家长可以将家里的事情告诉孩子，让他们更加了解家长，也更加懂得理解家长。

（3）发现孩子的性格弱点，要及早纠正。家长如果发现孩子有性格上的弱点，不要觉得孩子还小，就可以不用理会。有句话说得好，“江山易改，禀性难移”，等孩子长大了，再想去纠正就难了。孩子越小，性格就越是难以定型，家长应该及时纠正。但纠正不良个性是一个长期的反复过程，家长需要有足够的耐心和决心。

二、爱要多少才合适

有这样一则小故事。王姐和章姐自工作开始就一直给自己的弟弟寄钱，这样可以给家里减轻点负担。王姐每个月都给弟弟寄一些生活费，而章姐只是在逢年过节时才给弟弟寄钱，每次寄去的数量都不是很多，但可以让弟弟的生活更宽裕一些。假如单从钱的数量上来说，王姐的付出要比章姐多很多。

几年过去了，王姐和章姐都嫁人了，有了自己的家庭，但给弟弟寄钱的习惯一直都没变。王姐的丈夫知道妻子每个月都给弟弟寄钱，虽然每次寄钱的数量都不多，但积少成多。考虑到自家的生活问题，以后还有自己的孩子要抚养，他便和妻子说了自己的想法。王姐觉得丈夫说得有道理，便减少了给弟弟寄钱的次数。

而章姐的丈夫看到妻子逢年过节就给弟弟寄去生活费，虽然不多，但也是一片心意，深感妻子的懂事、贤惠。于是，在妻子的影响下，他也开始给自己的妹妹寄生活费，妹妹非常开心，也很感激哥哥和嫂子。男方的父母也觉得儿子确实是娶了一个好媳妇，一家人的生活和和美美。

章姐的弟弟觉得姐姐结婚以后负担加重了，生活方面肯定要和姐夫有商有量，可姐夫却没有阻止姐姐给自己寄钱，于是特别感激，觉得姐夫是个通情达理的好人。

再来看王姐的生活，王姐由之前的每个月都给弟弟寄钱，变成后来的逢年过节寄钱，她在心理上感到了愧疚。而王姐的弟弟则因此而感叹，认为姐姐的改变肯定是姐夫从中作梗，越想越觉得寒心，和姐姐的往来也没有之前多了，感情也慢慢淡了。

在这则小故事中，我们看到，同样多的钱，章姐能够赢得全家人的理解，换得全家人的幸福美满，而王姐却吃力不讨好，最后造成两家人关系疏远。可见，同样的爱，最终得到的结果并不一定是一样的。爱一定要适度，一定要恰当。

家长对子女的爱也是如此。家长对孩子呵护备至，恨不得把所有的事情都包办下来，但却没有想到这对孩子来说意味着什么。心理学家分析，在孩子小的时候，他们可能会因此而觉得家长的爱都是理所应当的，甚至会不满于家长没有呵护到的小细节。结果导致家长付出了比以往更多的爱，却还是不能满足孩子的需求。

当孩子需要独立面对一些事情时，如自己去外地上学，需要自己洗衣服、换床单等，在家长满满的关爱中长大的他们根本不会。他们不禁会想：为什么别的同学都会，就我不会？因为我的家长根本就没有给我学习的机会。于是，孩子会开始怨恨自己的家长。

在日常生活中，还有很多家长将自己定位成一个保护者的角色，试图事无巨细地关心孩子，如系鞋带、整理书包等小事情，都要亲自为孩子做。有些家长的付出甚至已经完全脱离了实际的经济条件和身体状况，这样的爱过犹不及。所以，为何不把爱调到一个合适的温度呢？这样的爱才能长久，才能延伸，才能让孩子感到温暖。故事里两个姐姐的例子给了我们很大的启示：爱需要技巧，并非越多越好；爱宁可少一点，也不要溢出来。

第三节　不要做欺骗孩子的家长

日常生活中，家长是孩子最好的模仿对象。很多家长抱怨孩子爱撒谎，事实上，要想培养出诚实的好孩子，家长自己首先要做到诚实地对待孩子。

我国春秋末年时期有个叫曾参的人，他是孔子的弟子，被尊称为“曾子”。孔子的教导深深影响了曾子的思想，他不但学问好，并且人也非常诚实，从来不会欺骗他人，对自己的孩子也是半句谎言都不会说，所以才有了一则流传千古的故事。

清晨阳光明媚，曾子的妻子梳妆打扮完毕，准备去集市上买东西。但没走出家门多远，就听到儿子跟在她的身后，哭着追来了，非要母亲带着他一起去。曾子的妻子觉得集市很远，而且孩子还很小，带着他买东西实在不方便。于是，为了让儿子乖乖回家，她对儿子说：“乖，回家等着我回来，我买完东西，很快就回家了。等我回来给你杀猪煮肉吃。”孩子听母亲这么一说，马上停住了哭声，乖乖地回家去了。

孩子在期盼中度过了一天，一心等着母亲回家给自己做好吃的，一想到马上就能吃到猪肉，心里别提有多高兴了，就连小伙伴们来叫他出去玩儿，都被他拒绝了。到了傍晚，孩子终于盼回了母亲，他欢快地迎上去，“娘，我要吃猪肉，快杀猪，我都要馋死了！”

曾子的妻子听到孩子这样说，有些惊讶，因为她已经完全忘记自己早上曾答应过孩子的事情了，便说：“这一头猪顶得上我们家两三个月的口粮呢，不能随随便便就杀。”孩子一听，便失望地大哭了起来。

曾子听到孩子的哭声，便出来询问怎么回事。孩子边哭边说：“娘答应我回家给我做猪肉吃的，现在她不给了……”曾子的妻子一听，这才想起早上因为一时情急，为了稳住孩子而说的话。曾子了解清楚实情后，什么话都没说，转身就去屋子里拿了杀猪刀。曾子的妻子见状，赶紧拦住他：“家里就这几头猪，都是逢年过节才杀的，你别拿我哄孩子的话当真！”

曾子说：“孩子是小，但我们在孩子面前是不能撒谎的。他们年幼无知，父母是他们学习的对象，如果我们现在就开始骗他，就相当于是在教他今后去骗人。今天你哄得他开心，但他要是知道自己受了母亲的欺骗,便不会再轻易相信你的话了。这样，我们就很难再教育好孩子了。”

曾子的妻子听到后也觉得很对，自己不能带头欺骗孩子。于是，她决定帮曾子一起杀猪，晚上还为儿子做了一桌好吃的饭菜。

曾子用实际行动告诉我们，要想教育出诚实的孩子，家长就要先以身作则，不要欺骗孩子。家长为孩子树立起了正面的榜样，孩子才会受到感染。

生活中，我们常常听到家长这样哄孩子：“宝宝听话啊，我晚上回来给你买一个大大的玩具。”结果，家长晚上下班回来后，孩子并没有见到什么玩具。有的家长在孩子“耍赖”时说：“先把作业写完了，我就允许你去楼下和小伙伴们玩。”结果，等孩子作业写完了，家长又让他再练一个小时的小提琴。长此以往，家长的话在孩子的心里就失去了作用，他们再也不会相信家长的任何许诺了。

中国青少年研究中心的一项全国性调查发现，中小学生最不满家长的十二种行为中，“言而无信，说话不算数”占了43.6%，排在首位。

静静的妈妈在外地打工，临走之前把静静托给了她姑姑照顾。七岁的静静人小鬼大，有一次，她无意间听到姑姑和邻居在说妈妈的坏话，当时静静很生气，暑假去找妈妈时，静静便把这件事一五一十地告诉了妈妈。但没过多久，姑姑打电话过来，妈妈和她聊着聊着，就将静静和自己说的事情告诉了她。

当时，静静正在旁边，她感觉妈妈很讨厌，也觉得没脸见姑姑。事后，静静“质问”母亲为何要和姑姑说，因为当时妈妈曾答应过她不把这件事告诉姑姑的。结果，妈妈回答说：“这样你姑姑就不敢再说我的坏话了。”

从此，静静即使再听到姑姑说她妈妈的坏话，也不想和妈妈说了。她觉得妈妈很自私，也很不讲诚信，答应她的事情一点儿都不重视。

可见，家长说话算话确实很重要，因为这关系到孩子对家长的信任感。假如孩子不相信家长，就不会愿意跟家长说心里话。这样一来，亲子关系也不会很好，家长也很难真正了解自己的孩子。

事实上，那些经常失信于孩子的家长在日常生活和工作中并非是习惯失信于他人的人，因为他们知道自己面对的是成人。但为什么在面对孩子时他们却认为失信行为无所谓呢？心理学家认为，家长对孩子的失信，其最本质的原因应该是把孩子视为自己的附属品，而非一个完整的、独立的人，这扭曲了亲子之间的关系。而真正的亲子关系应该是人和人之间的平等关系。

在一项全国调查中，对于“现代人最为重要的品质是什么”这个问题的回答，家长给出的答案是“责任”，而中小学生则认为是“平等”。也就是说，孩子把平等视为个体最为重要的品质，这与其生活经验有联系，表明他们热切希望获得“平等”，被家长平等对待。

此外，家长欺骗孩子是一件非常冒险的事情。一是家长的失信肯定会给孩子造成心愿不能满足的失望感和失落感。孩子并不像家长，成人有许多时候也无法满足自己的需求，如果愿望落空，他们懂得通过其他途径来缓解和调节情绪，但孩子却不懂得这一点。二是孩子对家长的依赖不仅在于生活层面，还在于心理和精神层面，当孩子发现家长的话只是为了哄骗他时，他们会恐慌今后自己还能相信谁。这种恐慌的心理给孩子带来的心理危机是家长无法想象的。

第四节　为自己树立威信

一、以身作则，为孩子树立榜样

家长希望孩子有什么样的行为，自己在日常生活中就要以身作则，这是家长最有说服力的教育方式。孩子在学习成长的过程中，并不知道何谓好何谓坏，看到什么都会学，家长或老师的一言一行都有可能被孩子模仿。

一天，母亲带着女儿甜甜去一栋大楼里办事情。走进大厅，她们看到前面不远处的电梯开着，不少人正陆续进入。母亲想赶上这趟电梯，便带着甜甜一路小跑过去。而此时，母亲发现旁边还有一位老人，便本能地带着甜甜往后退了几步，让老人先进去了，电梯里人满了，母女俩只好等下一趟电梯。

办完事情后，母亲带着甜甜下楼。这次乘坐电梯时，里面只有甜甜母女和另外一位老婆婆。等电梯到了一楼时，甜甜很懂事地让了一下，说："老婆婆，您先走。"老婆婆满脸笑容，说："好孩子，我走得慢，还是你们先走吧。"但甜甜还是坚持要让老婆婆先走。

在路上，母亲摸着甜甜的小脑袋，说道："刚才为什么要让老婆婆先走啊？"甜甜伸了伸舌头，"这不是妈妈刚才教我的吗？以后我还要向妈妈学习更多呢！”母亲幸福地笑了。

身教重于言教。家长要注意自己在孩子面前的一言一行，不要说一套做一套。家长希望孩子是什么样，自己就应该首先做到，给孩子树立一个榜样。家长是孩子接触最早、最多的人，也是相处时间最长的人，是孩子最直接的学习对象。家长的思想品德渗透在生活的每一个小细节中，孩子要比其他人更能观察和体会到，这些都会在潜移默化中影响孩子的言行和道德品质。

苏联著名教育家马卡连柯说过，家长对自己的要求、家长对自己家庭的尊重、家长对自己言行举止的注重，对孩子来说有非常重要的影响，也是家长最为重要和关键的教育手段。因此,在日常生活中,家长要时刻严格要求自己,为孩子做出榜样。

比如，有一次，客人到甜甜家来做客，还带了礼物给甜甜，可满心欢喜的甜甜却不知道如何表示谢意。此时，一边的母亲十分温和地摸着甜甜的脑袋，说：“很感谢你来我家做客，我替甜甜谢谢你了！”一边的甜甜也明白过来，说：“我也谢谢阿姨的礼物。”此时，全家人都笑了。这件事情之后，甜甜就懂得了如何使用礼貌用语。

美国一位教育专家同样说过，家长如果连自己都不预备去获得成就，那又凭什么去期望孩子做些什么呢？当然，“成就”一词的含义在这里主要是指家长需要成为孩子能接受、爱慕、效仿的对象，其次才是指在事业与生活等方面的作为。

家长作为孩子最早的启蒙者和教育者，一定要关注自己在孩子心目中的形象以及自己带给孩子的影响。成功的教育者应该懂得身教重于言教，并以身作则，做孩子的榜样。家长做孩子的榜样，需要把握好以下两个原则。

（1）以身作则。对孩子而言，家长的威信不是天生就存在的，而是后天通过各种途径树立起来的。这种威信恰恰也是孩子言行举止标准以家长为参考的保证，因此，家长以身作则是孩子言行有所遵循的前提，切忌言行不一。有句话说得好，“以教人者教己”，家长希望孩子养成良好的习惯和品质，首先自己应当先具备。

（2）以身示教。家长喜欢对孩子说应该这样，不应该那样，试图以此来规范孩子的言行，但实际上，这种空洞的训话没有哪个孩子能够完全做到。因此，要想让孩子做到，家长就要首先以身示教，让孩子看到这样的言行在家长身上的表现，当孩子对家长产生崇敬之情时，他们自然会听从教诲。

二、不要迁就孩子的无理要求，家长要为自己树立威信

对于孩子的一些不合理的要求，家长绝对不能满足，迁就和顺从的行为是在助长孩子“以自我为中心”的意识，久而久之，孩子就会变得自私自利，完全不会感激家长的付出。而家长如果适当拒绝，孩子也会明白，自己不可能想要什么就能够得到什么，不能为所欲为，进而学会控制自己的欲望。

性格活泼开朗的小英在家里是典型的小公主。爸爸妈妈在四十岁之后才有了小英，因此很宝贝这个女儿，事事都会依着她，不舍得让她忍受半点委屈。这天，放学回家的小英很开心，因为她的数学考试拿了满分。

“小英，快洗手吃饭了！”一见女儿进门，妈妈就对小英喊道。

“今天吃什么呀？”小英问道。

“你爱吃的牛肉和玉米汤。”

“妈妈，我今天数学考了满分，我们出去吃火锅好不好？”

“考满分确实值得庆贺啊！但你瞧妈妈都做好饭菜了，而且都是你爱吃的……”

“不，我就要吃火锅！”没等妈妈说完，小英就大叫起来。

“小英，你看我都忙了一整天了，白天上班，晚上回来还特意给你做了好吃的。咱们明天去好不好？”

“不，现在就去！”小英不依不饶，还扔掉了书包。

紧接着小英便哭闹起来。

最后，妈妈心软了，给还在学校上班的丈夫打了个电话。

“好，我们现在就去。”然后，母亲带着小英去了她一直想去的火锅店。

小英从小就感觉到了家长对自己的“特殊”照顾，便不停地要这要那，而且从来不会替家长着想。小英的父亲是大学教授，在外面备受尊崇，母亲也是一名高中老师，资历很深，也很受敬重。然而，在女儿面前，二人却显得很“卑微”，对女儿都是有求必应。结果导致孩子越来越任性，根本不把家长的话放在心上。

“一切都让给孩子，为了他牺牲一切，甚至牺牲自己的幸福，这是家长送给孩子的最可怕的礼物。”教育专家马卡连柯这样说。或许很多家长都不愿听到这样的话，但这句话确实是一针见血地道出了“惯子如杀子”的道理。

在现实生活中,很多孩子都会向家长提出各种各样的要求，在这些要求中，有很多都是不合理的。如果家长十分粗暴地拒绝，会伤害孩子的自尊心，因此建议家长可以从以下几点着手。

（1）言出必践，给自己树立威信。家长对孩子所做的承诺，一定要兑现；家长禁止孩子的言行也一定要坚持。不要因为心情好或不忍心就破例，只有这样才能建立起威信，让孩子明白家长是言出必行的，并非在和自己开玩笑，这样孩子自然就会有所收敛。

（2）冷处理。家长在拒绝孩子的不合理要求后，孩子往往会以哭闹或生气的方式“威胁”家长。此时，家长要把眼光放远一点，为了今后的教育，对孩子的要求进行冷处理，不予理睬，但也要留心孩子的安全问题。可以劝慰孩子，但不要就势顺从。

（3）转移孩子的注意力。孩子总是提出不合理的要求，其实还是因为他们没有从时间、地点、场合等方面来考虑自己的言行以及愿望的可行性。这个时候，家长除了要给予其提醒和告诫，还要充分利用孩子注意力不稳定的心理特征，巧妙地转移其注意力，让孩子在不知不觉中“放弃”自己原来的需求。

（4）说明拒绝的理由。家长在拒绝孩子的时候，最好说清楚原因。如果家长只是拒绝而不指出其中的缘由，甚至是编造其他的借口，这都是不可取的，甚至还会给今后的教育带来麻烦。比如，当孩子向家长索要玩具时，家长不要说“太贵了”，而不妨告诉孩子：“玩具多并不代表真正的幸福和欢乐。”或者是与孩子商议好，下个月再买，都可以。

（5）摆事实讲道理。当家长明确指出了拒绝原因时，也不要忘记表达自己对孩子的爱意。比如，明确告诉孩子，不同意给他买昂贵的衣服是因为要保证全家的支出，保证孩子能够顺利上学，而且攀比和虚荣的心理是有害的。同时也要告诉孩子，家长接受孩子合理的要求是出于爱与责任，同样，拒绝那些不合理的要求也是出于爱与责任。

（6）拒绝了就要坚持到底。家长最难做到的不是对孩子说“不”，而是说完之后的坚持到底。尤其是当家长看到孩子在委屈地掉眼泪时，往往就舍不得了，心想：毕竟还是个孩子，这次就满足一下他吧！结果，孩子找到了家长的软肋，只要被拒绝，就会用哭闹来要挟家长。家长要知道的是，这是孩子用来逼迫家长“就范”的主要手段，假如家长“招架不住”，最后就只能服软，满足孩子的所有需求。那么以后再遇到类似的情况，孩子就会变本加厉，越来越闹腾。当孩子养成了无理取闹的坏习惯时，家长再去纠正，恐怕就难了。